Herrliche HÜLSENFRÜCHTE

Herrliche HÜLSENFRÜCHTE

NEUE LIEBLINGSGERICHTE FÜR KICHERERBSEN, BOHNEN, LINSEN UND CO.

riva

Sarah Kdouh
Fotos: Sophie Dumont

4

GELEITWORT

Hülsenfrüchte sind allgemein nicht sonderlich gut bekannt und bei manchen Menschen sogar unbeliebt. Beides mag daran liegen, dass sie lange Zeit als »Arme-Leute-Essen« galten und bei älteren Menschen vielleicht Erinnerungen an die magere Nachkriegszeit weckten. Botanisch gehören sie zu den Schmetterlingsblütlern, und das klingt doch viel hübscher als »Hülsenfrüchte«.

Zu dieser großen Pflanzenfamilie gehören viele verschiedene Arten von Bohnen, Erbsen und Linsen und es gibt Hunderte Möglichkeiten, sie zuzubereiten. Ich bin überzeugt, dass dieses Buch all seine Lesenden neugierig machen und überzeugen wird. Meiner Meinung nach sollen Lebensmittel uns nicht nur ernähren, sondern vor allem Freude und Genuss schenken. In dieser Hinsicht haben Hülsenfrüchte viel zu bieten.

Sie enthalten 20 bis 25 Prozent Protein (bezogen auf das ungekochte Trockengewicht), insofern bieten sie sich für alle an, die ihren Fleischkonsum reduzieren möchten. Wer sich vegetarisch ernährt, wird sie umso mehr schätzen, weil sie zusammen mit Getreide eine gute Nährstoffkombination darstellen (die Aminosäuren von Hülsenfrüchten und Getreide ergänzen sich). Andere möchten sie vielleicht auf traditionelle Weise mit ein wenig Fleisch, Geflügel, Wurst oder Fisch zu köstlichen Gerichten kombinieren. Und das ist noch nicht alles! Hülsenfrüchte liefern uns Ballaststoffe, Eisen und Magnesium. Und ihre Kohlenhydrate haben einen niedrigen glykämischen Index – auch das kommt der Gesundheit zugute.

Neben ihren ernährungsphysiologischen Qualitäten besitzen Hülsenfrüchte auch Vorteile im Anbau. Mit Knöllchen an ihren Wurzeln binden sie Stickstoff im Boden. So kann Dünger eingespart werden und eine ökologisch sinnvolle Fruchtfolge wird erleichtert.

Hülsenfrüchte hatten in allen großen Kulturen immer einen festen Platz. Sie wurden entweder in Verbindung mit Getreide oder mit kleinen Mengen an tierischem Protein verzehrt – ein perfektes Beispiel für eine nachhaltige Ernährung. All das sind gute Gründe, sie neu zu entdecken und wieder viel öfter zu genießen. Allerdings muss die weit verbreitete Zurückhaltung noch überwunden werden, denn aus den genannten Gründen gibt es zum Thema Hülsenfrüchte immer noch Vorbehalte und Vorurteile. Für viele Menschen wäre es schon ein großer Fortschritt, zunächst ein- bis zweimal pro Woche mit Hülsenfrüchten zu kochen. Übrigens bekommt es der Verdauung am besten, wenn man Ernährungsgewohnheiten nicht radikal, sondern allmählich verändert.

Dieses Buch macht mit einer Fülle von praktischen Tipps, kleinen Tricks und großartigen Rezepten Lust, die Vielfalt der Hülsenfrüchte zu entdecken. Gutes Essen muss gelebt werden und Veränderungen erfolgen am besten in kleinen Schritten. So kann eine Mahlzeit alle ihre Aufgaben erfüllen: ernähren, erfreuen und Menschen zusammenbringen.

Dr. Jean-Michel Lecerf
Ernährungswissenschaftler am Institut Pasteur in Lille
und Autor von La joie de manger (Éditions du Cerf, 2022)

INHALT

VORSPEISEN 33

SCHNELLE GERICHTE 45

VORWORT

Hülsenfrüchte sind relativ unbekannt und haben teilweise sogar einen schlechten Ruf. Getrocknete Erbsen, Linsen und Bohnen landen selten in unseren Einkaufskörben. Sie gelten als schwer verdaulich und die Zubereitung ist als mühsam verrufen. Dabei verdienen diese seit Jahrtausenden kultivierten Samen, die schon den ältesten Kulturen als Nahrung dienten, durchaus eine nähere Betrachtung ihrer Nährwerte.

Wussten Sie, dass Hülsenfrüchte zu den Superfoods gehören? Sie sind sowohl aus ernährungswissenschaftlicher als auch aus ökologischer und wirtschaftlicher Sicht interessant. Und ihre große Vielfalt hat dazu geführt, dass sie auf allen Kontinenten Grundlage traditioneller Gerichte sind, insbesondere in Verbindung mit Getreide. Sie laden also zu einer kulinarischen Weltreise ein.

Seit einigen Jahren wird empfohlen, mindestens zweimal pro Woche Hülsenfrüchte zu essen. Wenn ich die Ernährungstagebücher meiner Patientinnen und Patienten analysiere, stelle ich fest, dass wir davon weit entfernt sind. Das brachte mich auf die Idee, dieses Buch zu schreiben und etwas für das Image der Hülsenfrüchte zu tun.

Viele Menschen möchten sich gesund (oder gesünder) ernähren und dabei auch weniger tierisches Eiweiß konsumieren. In diesem Zusammenhang kommen die Hülsenfrüchte zum Tragen. Sie entsprechen auch dem verbreiteten Wunsch nach selbst gekochten Mahlzeiten und loser Ware.

Hülsenfrüchte sind ernährungsphysiologisch sehr wertvoll. Sie sind reich an pflanzlichen Proteinen und Mikronährstoffen (Vitaminen und Mineralien) und spielen eine wichtige Rolle bei der Prävention bestimmter Stoffwechselkrankheiten (Diabetes, hoher Cholesterinspiegel ...) sowie bei der Bekämpfung von Mangelernährung in bestimmten Bevölkerungsgruppen.

Wegen ihrer sättigenden Wirkung tragen sie zur Gewichtskontrolle bei. Sie enthalten kein Cholesterin, haben einen niedrigen glykämischen Index und fördern ein gesundes Darm-Mikrobiom. Zugegeben, manchen Menschen bescheren sie Verdauungsprobleme, doch die lassen sich mit einfachen Küchentricks in den Griff bekommen. Damit steht dem guten Vorsatz, mehr Hülsenfrüchte zu essen, nichts mehr im Wege.

Mit diesem Buch möchte ich diese viel zu wenig bekannten Lebensmittel ins Rampenlicht stellen. Ich hoffe, dass ich Sie damit auf den Geschmack bringe und Ihnen Lust mache, Hülsenfrüchte öfter auf den Speiseplan zu setzen.

Nutrikif

Dr. Sarah Kdouh

Hülsenfrüchte KENNEN UND ZUBEREITEN

EIN BISSCHEN *Botanik*

Erbsen, Hülsen, Samen ... Die Familie der Hülsenfrüchte ist ziemlich unbekannt und auf unseren Tellern kaum vertreten. Bevor ich etwas über Hülsenfrüchte aus ernährungswissenschaftlicher und kulinarischer Sicht erzähle, möchte ich sie botanisch vorstellen und auf ihren Ursprung und ihre uralte Kultur eingehen.

HÜLSENFRÜCHTE – WAS IST DAS EIGENTLICH?

Hülsenfrüchte sind sehr alte Pflanzen. Archäologische Funde beweisen, dass sie schon seit Jahrtausenden angebaut werden. Ihre Vielfalt ist so groß, dass es über 1000 verschiedene Sorten gibt.

Botaniker beschreiben Hülsenfrüchte als essbare Pflanzen, deren Früchte in Hülsen enthalten sind. Sie gehören zur Familie der Fabaceae (Schmetterlingsblütler). Die wichtigsten Gattungen sind Vicia (Erbsen, Bohnen, Linsen) und Cicer (Kichererbsen).

Allein aufgrund der Vielzahl der Arten ist es für Landwirte und Forschende schwierig, sie alle aufzulisten. Abgesehen von einigen Bohnen, die aus Lateinamerika stammen, sind die ältesten Kulturen vor allem im fruchtbaren Randgebiet des Mittelmeers zu finden.

Gut zu wissen

Hülsenfrüchte sind prähistorische Samen: Sie werden seit der Jungsteinzeit als Nahrungssaatgut verwendet.

GEMÜSE, HÜLSEN-FRÜCHTE UND GETREIDE – was ist der Unterschied?

Gemüse: Nutzpflanzen, von denen mindestens ein Teil (Wurzel, Knolle, Stängel, Blatt, Blüte, Samen oder Frucht) für die menschliche Ernährung verwendet wird.

Hülsenfrüchte: Untergruppe der Gemüse. Pflanzen, die als Hülsen zur Gewinnung von getrockneten Samen geerntet werden.

Getreide: Pflanzen aus der Familie der Gräser mit stärkehaltigen Samen (Weizen, Dinkel, Roggen, Gerste, Hafer, Reis, Hirse, Mais, Buchweizen, Sorghum ...).

Hülsenfrüchte werden allgemein definiert als »Pflanzenarten, deren Samen für die menschliche und tierische Ernährung verwendet werden. Der Begriff bezieht sich nur auf Pflanzen, deren Samen nach der Ernte getrocknet werden*«. Wir können aber auch frische Erbsen und Ackerbohnen einbeziehen. Ihre Samen wachsen ebenfalls in Hülsen, werden aber nicht getrocknet, sondern jung geerntet und frisch verzehrt.

Das weltweit führende Erzeugerland für Hülsenfrüchte ist Indien. In Europa nimmt Frankreich eine führende Position ein (laut Angabe der Fédération nationale des légumes secs).

**FAO. 1994. Définition et Classification des produits 4. Légumineuses et produits dérivés.*

»Wo auch immer man ihren Ursprung vermutet – die ersten Wildpflanzen, die von der lokalen Bevölkerung angebaut und domestiziert wurden, waren fast immer Getreide und Hülsenfrüchte.« Éric Birlouez, *Petite et grande histoire des céréales et des légumes secs, éd. Quae, 2022.*

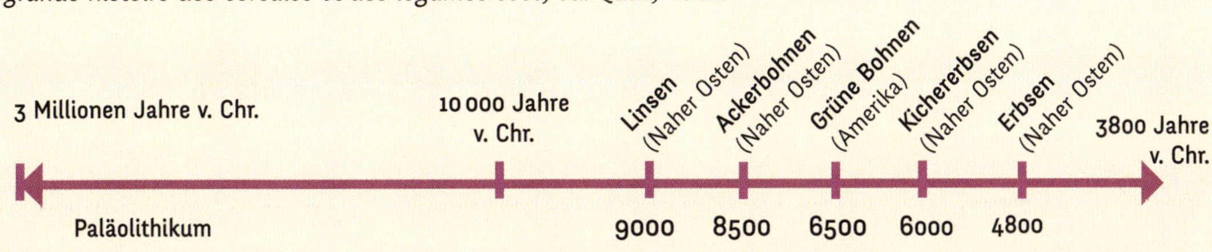

Neolithikum: Homo sapiens wird zum Ackerbauern und später zum Viehzüchter. Er beginnt, Steine zu schleifen.

DIE WICHTIGSTEN HÜLSENFRÜCHTE

Trockenbohnen

Weiße Bohnen (Tarbais, Coco de Paimpol, Mogette de Vendée, Lingot du Nord ...), rote Bohnen, Flageolet-Bohnen ... Weltweit soll es mehr als 30 000 verschiedene Arten von Trockenbohnen geben. So finden sich weiße Cannellini-Bohnen in der italienischen Minestrone, dunkelrote Adzuki-Bohnen in japanischen oder chinesischen Gerichten und schwarze Bohnen in einigen südamerikanischen Gerichten. Die Mungobohne wird in Form von Körnern gegessen, häufiger jedoch als Keimlinge, die fälschlicherweise als »Sojasprossen« bezeichnet werden (siehe Kasten auf der nächsten Seite).

SONDERFALL Soja

Soja ist eine spezielle Hülsenfrucht, denn sie wird vor allem zur Ölgewinnung angebaut. Botanisch gesehen gehört sie zu den Ölsaaten (wie Raps, Sonnenblumen oder Erdnüsse) und ist damit reich an pflanzlichen Fetten und Proteinen. Verzehrt werden jedoch die grünen, noch unreifen Sojabohnen, die unter dem Namen Edamame bekannt sind und seit einiger Zeit auch in Europa immer mehr Anhänger finden. Die Samen müssen gekocht werden, denn rohe Sojabohnen sind giftig.

Erbsen

In diese Gruppe gehören auch die Kichererbsen und Spalterbsen.

Kichererbsen gibt es in verschiedenen Farben (nussfarben, grün oder schwarz). Sie werden für Püree, Suppe oder Salat verwendet oder zu Mehl verarbeitet. Die Kichererbse stammt aus Südwestasien und dem Mittelmeerraum und ist vor allem im Nahen Osten bekannt (Falafel, Hummus). Ihr Mehl wird in Indien und Pakistan zur Herstellung von Brotteig verwendet.

Erbsen werden frisch (nicht trocken) geerntet und vor ihrer vollen Reife verzehrt. In sehr jungen Erbsen überwiegt der Zuckeranteil, was ihren süßen Geschmack erklärt. Während der Reifung wandelt sich dieser Zucker in Stärke um, wodurch die Erbsen mehliger werden.

Wenn die Erbsen reif und trocken sind, werden sie von ihrer Haut befreit. Der Samen kann dann in zwei Teile zerfallen (Spalterbse).

Die Zuckerschote oder Kaiserschote ist eine Erbsenart mit essbaren Hülsen.

Linsen

Linsen werden auf der ganzen Welt gegessen. Es gibt sie in verschiedenen Sorten: grün, orange, braun, beige, schwarz und sogar rosa. In Europa werden vor allem grüne Linsen aus Le Puy (AOP*) oder Berry (IGP**) geschätzt.

Grüne Linsen bleiben beim Kochen fest, während braune Linsen etwas weicher werden, aber ihre Form behalten. Rote und gelbe Linsen, die ohne Schale verkauft werden, sind leichter verdaulich. Sie sind schnell gar, zerfallen aber beim Kochen. Sie werden häufig für Suppen oder indisches Dal verwendet. Seltener (und teurer) sind die kleinen, runden, glänzenden schwarzen Linsen oder Beluga-Linsen, die einen nussigen Geschmack haben und sowohl in warmen Gerichten als auch in Salaten sehr beliebt sind.

** geschützte Ursprungsbezeichnung*
*** geschützte Herkunftsbezeichnung*

Ackerbohnen (Saubohnen)

Es gibt Dutzende Ackerbohnensorten, die sich durch ihre Farbe und Größe unterscheiden. Manche werden jung geerntet und frisch gegessen, andere lässt man ausreifen und trocknet sie. In Europa, arabischen Ländern und Afrika gibt es viele verschiedene Gerichte mit Ackerbohnen: Pürees, Suppen, Krapfen, Salate oder Fleischeintöpfe.

Lupinen

Die cremefarbenen oder beigen Samen werden im Ganzen mit oder ohne Haut verzehrt, aber auch zu Mehl verarbeitet. Die Samen werden hauptsächlich in einigen Ländern des Mittelmeerraums gekocht oder in Salzlake eingelegt, um ihre Bitterstoffe zu neutralisieren. Sie sind vor allem als Vorspeise beliebt.

SOJASPROSSEN ODER Mungobohnensprossen?

Mungobohnen und Sojabohnen haben als einzige Gemeinsamkeit, dass sie Hülsenfrüchte sind, dennoch werden sie oft verwechselt. Mungobohnen werden in Form von Körnern verzehrt, häufiger jedoch in ihrer gekeimten Form, die lange Zeit fälschlicherweise als »Sojasprossen« bezeichnet wurde. Seit 2016 ist diese Bezeichnung verboten. Sojabohnen gehören aufgrund ihres hohen Fettgehalts zu den Ölsaaten. Aus ihnen werden fermentierte (Sojasoße, Tempeh) und nicht fermentierte Produkte (Tofu, Sojadrink) hergestellt, vor allem aber Sojaschrot als Futtermittel für Nutztiere.

Wussten Sie?

Rote Kidneybohnen sind weltweit das meistverzehrte Trockengemüse.

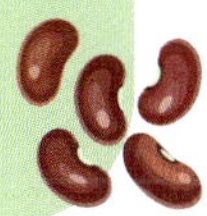

NÄHRSTOFFE *unter der Lupe*

Hülsenfrüchte gehören zu den Kulturpflanzen, mit denen die meisten Menschen auf der Welt ernährt werden können. Dass sie seit Jahrtausenden und auf allen Kontinenten angebaut werden, ist sicherlich kein Zufall. Tatsächlich handelt es sich um Superfoods, die wir am besten regelmäßig verzehren sollten.

PFLANZLICHE KOHLENHYDRATE UND PROTEINE

Hülsenfrüchte sind reich an pflanzlichen Kohlenhydraten und Proteinen.

Sie bestehen aus komplexen Kohlenhydraten, hauptsächlich aus Stärke. Es handelt sich um Kohlenhydrate mit **geringer glykämischer Wirkung:** Nach ihrem Verzehr steigt der Blutzuckerspiegel langsam an, was zu einem besseren Sättigungsgefühl führt (siehe Seite 20). So sättigt eine Portion Wurst mit Linsen länger als eine Portion Wurst mit Kartoffelpüree.

Hülsenfrüchte sind zudem eine sehr gute Quelle für pflanzliches Eiweiß. Sie enthalten mehr davon als Getreide wie Weizen, Hafer und Reis (Quelle: FAO).

100 g gekochte Hülsenfrüchte
= ca. 10 g Proteine

100 g rotes Fleisch
= ca. 20 g Proteine

Für einen gesunden Erwachsenen liegt der tägliche Proteinbedarf im Durchschnitt bei 0,8 mg bis 1 mg/kg/Tag.

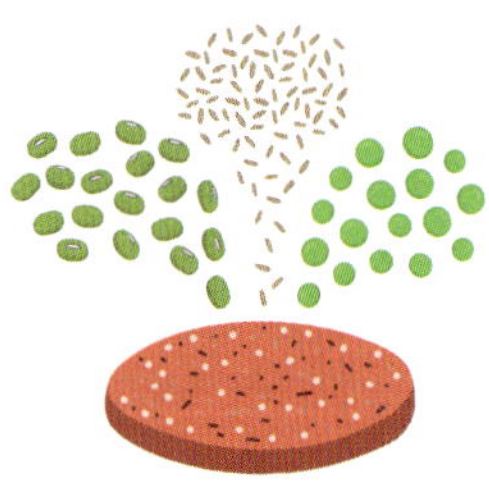

Eine Frau mit 60 kg Körpergewicht sollte zwischen 48 und 60 g Protein pro Tag zu sich nehmen.

Über den Tag verteilt entspricht dies z. B. 1 Hacksteak (100 g)
+ 2 ½ EL gekochte Linsen
+ 5 EL gekochter Reis
+ 1 Naturjoghurt
+ ein Stück Emmentaler (30 g)
+ eine Handvoll Mandeln

Ein Mann mit 80 kg Körpergewicht sollte zwischen 64 und 80 g Protein pro Tag zu sich nehmen.

Über den Tag verteilt entspricht dies z. B. 120 g Brathähnchen
+ 2 ½ EL gekochte Kichererbsen
+ 5 EL gekochter Grieß
+ 2 Eier
+ 125 g Quark
+ 50 g Brot

Gut zu wissen

Es ist besser, Würstchen mit Linsen zu essen als Würstchen allein: Die in den Linsen enthaltenen Ballaststoffe hemmen die Aufnahme von Fett in den Blutkreislauf.

ERNÄHRUNGSWISSENSCHAFTLICHER VERGLEICH DES DURCHSCHNITTLICHEN PROTEINGEHALTS	
	Proteingehalt pro 100 g gegartes Lebensmittel
texturiertes Sojaprotein	50 g
Emmentaler	29 g
Hacksteak 10 % Fett	26 g
Hähnchenbrust	25 g
Seehechtfilet	24 g
Mandeln	22,5 g
Kochschinken ohne Schwarte	20 g
Tofu natur	14,7 g
hartgekochtes Ei	13,5 g
helle Linsen	9,7 g
Kidneybohnen	9,6 g
Spalterbsen	8,6 g
Kichererbsen	8,3 g
Brot (Durchschnitt)	8 g
Frischkäse natur, 3 % Fett	7,8 g
Flageolet-Bohnen	6,8 g
junge Erbsen	5,2 g
Quinoa	5 g
Nudeln	4 g
Joghurt natur	4 g
Hartweizengrieß	3,8 g
weißer Reis	3 g

Angaben entnommen aus Table Ciqual de composition nutritionnelle. ANSES

BALLASTSTOFFE

Hülsenfrüchte sind sehr ballaststoffreich, was ihren niedrigen glykämischen Index (GI) noch verstärkt. Ballaststoffe verlangsamen den Übergang von Zucker in den Blutkreislauf während der Verdauung. Sie fangen auch das Cholesterin einer fettreichen Mahlzeit (Wurst, Käse, Butter usw.) im Darm auf und verhindern so, dass es in die Blutgefäße gelangt.

Sie enthalten wenig Fett und haben einen geringen Anteil an gesättigten Fettsäuren. Lediglich Kichererbsen haben einen etwas höheren Fettgehalt.

NIEDRIGER GI, *was heißt das?*

Der glykämische Index (GI) gibt an, wie stark ein kohlenhydrathaltiges Nahrungsmittel (Obst, Süßigkeiten, stärkehaltige Lebensmittel wie Hülsenfrüchte usw.) den Blutzuckerspiegel nach dem Verzehr ansteigen lässt.

Als Bezugsgröße dient der GI von Glukose, der auf 100 festgelegt wurde. Die GI-Skala reicht von 1–100. Der glykämische Index wird in zwei Kategorien eingeteilt: hoher GI und niedriger GI (der auch mittleren GI umfasst).

Hoher GI: über 60

Mittlerer GI: zwischen 30 und 60

Niedriger GI: unter 30

Je niedriger der GI eines Lebensmittels, desto geringer der Anstieg des Blutzuckerspiegels. Umgekehrt führt der Verzehr eines Lebensmittels mit hohem GI zu einem starken Anstieg des Blutzuckerspiegels.

Nach dem Verzehr eines Lebensmittels mit hohem GI schüttet die Bauchspeicheldrüse das Hormon Insulin aus, um den Blutzuckerspiegel zu senken: Der Zucker wird in die Zellen der Muskeln und der Leber eingeschleust. Der schnell sinkende Zuckerspiegel führt meist zu Heißhungerattacken. Der Vorteil des Verzehrs von Lebensmitteln mit niedrigem GI besteht darin, dass das Sättigungsgefühl länger anhält: Der Körper ist länger mit Energie versorgt und sendet später Hungersignale.

Dadurch werden die Schwankungen des Blutzuckerspiegels vermieden, die nach dem Verzehr von Lebensmitteln mit hohem GI auftreten und oft mit Heißhungerattacken Hand in Hand gehen.

Mit Ausnahme von Ackerbohnen, die einen hohen GI aufweisen (roh GI 40, gekocht GI 65), haben Hülsenfrüchte einen GI von höchstens 35:

Hülsenfrüchte	GI
rote, weiße und schwarze Bohnen	35
junge Erbsen	35
Linsen	30
Kichererbsen	30
Flageolet-Bohnen	25
Spalterbsen	25
Lupinen	15

Der niedrige GI von Hülsenfrüchten ist auf ihren Gehalt an pflanzlichen Eiweißen und Ballaststoffen zurückzuführen. Die pflanzlichen Proteine sorgen aufgrund ihrer chemischen Struktur dafür, dass der Zucker bei der Verdauung nicht in den Blutkreislauf gelangt. Ballaststoffe beschleunigen die Verdauung, sodass weniger Zeit für die Freisetzung von Kohlenhydraten verbleibt. Wie eine Barriere begrenzen sie den Übergang von Fett und Zucker ins Blut.

BLUTZUCKERSPIEGEL NACH VERZEHR VON LEBENSMITTELN MIT NIEDRIGEM, MITTLEREM UND HOHEM GI

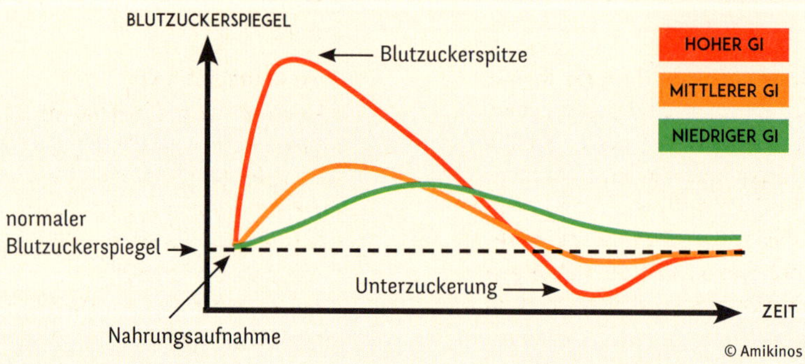

MINERALSTOFFE UND VITAMINE

Hülsenfrüchte sind von Natur aus reich an Mineralstoffen: Magnesium, Eisen, Zink, Kalzium und Kalium. Sie enthalten auch Vitamine, insbesondere Vitamine der B-Gruppe (vor allem Vitamin B1). Da einige Vitamine jedoch hitzeempfindlich sind, wie beispielsweise Vitamin C und Folat (Vitamin B9), kann das Kochen von Hülsenfrüchten ihren Gehalt mindern.

PHYTOÖSTROGENE

Hülsenfrüchte sind auch reich an Phytoöstrogenen. Diese pflanzlichen Stoffe sind in der Lage, eine ähnliche Wirkung wie körpereigene Östrogene oder in Form von Medikamenten eingenommene Östrogene zu entfalten. Dennoch ist ihr Einfluss auf die Hormonfunktion eher gering, weil der Körper sie nicht binden kann. Sie sollen eine antioxidative Wirkung haben und eine präventive Rolle bei der Entstehung von Herz-Kreislauf-Erkrankungen spielen.

Vor einigen Jahren wurden die Phytoöstrogene in Soja verdächtigt, die Entwicklung von hormonabhängigen Krebsarten (insbesondere Brust- und Prostatakrebs) zu fördern. Ein Bericht der AFSSA* aus dem Jahr 2005 hat jedoch bei einem Verzehr in angemessenen, nicht täglichen Mengen (bis zu einer Aufnahme von 1 mg/kg Körpergewicht/Tag) keine unerwünschten Wirkungen nachgewiesen.

ANTI-NÄHRSTOFFE

Hülsenfrüchte produzieren wie Getreide in ihrer Schale sogenannte »Anti-Nährstoffe«. Dies sind Substanzen, mit denen sie sich vor Parasiten und Insekten schützen. Dabei handelt es sich um bestimmte komplexe Kohlenhydrate (Zucker), die als GOS bezeichnet werden, Lektine (ein Protein) und Phytinsäure. GOS und Lektine führen zu Verdauungsstörungen, zum Beispiel zu Blähungen oder Völlegefühl. Phytinsäure verhindert die Freisetzung bestimmter Mineralien und Vitamine (z. B. Vitamin B1, Zink) und schränkt deren Aufnahme ein. Aber keine Sorge: Es gibt mehrere Möglichkeiten, die Wirkung von Anti-Nährstoffen zu mindern, beispielsweise durch Einweichen und Kochtricks (siehe Seite 24–25).

EISEN AUS HÜLSENFRÜCHTEN optimal aufnehmen

Das in Hülsenfrüchten enthaltene Eisen wird vom Körper weniger gut aufgenommen als Eisen tierischen Ursprungs (z. B. aus Fleisch, Geflügel oder Fisch). Die Aufnahme kann jedoch verbessert werden, indem man innerhalb einer Mahlzeit mit Hülsenfrüchten auch Lebensmittel mit hohem Vitamin-C-Gehalt zu sich nimmt.

Vitamin C kommt in Obst, Gemüse und einigen Kräutern vor, ist aber zum einen hitze- und lichtempfindlich und zum anderen wasserlöslich, das heißt, es geht im Kochwasser verloren.

Um möglichst viel Vitamin C zu erhalten, sollten Obst und Gemüse möglichst roh oder kurz gedünstet genossen werden.

Früchte mit hohem Vitamin-C-Gehalt: Orange, Kiwi, Zitrone, Guave, Erdbeere, Acerola, Schwarze Johannisbeere

Kräuter und Gemüse mit hohem Vitamin-C-Gehalt: Paprika, Brokkoli, Kohl, Petersilie, Dill, Thymian

Gute Kombinationen:

- Aufstrich aus Bohnen und Orangensaft (siehe Rezept auf Seite 34)
- Kichererbsensalat mit frischer Petersilie und roher Paprika anreichern
- Zitronen-Dill-Soße zu Fisch, Linsen und gedünstetem Brokkoli
- Obstsalat als Dessert nach einem Gericht mit Hülsenfrüchten

* *Agence nationale de sécurité sanitaire des aliments*

HÜLSENFRÜCHTE PLUS GETREIDE

Auf allen Kontinenten gibt es traditionelle Gerichte, die Getreide und Hülsenfrüchte miteinander verbinden: Couscous (Weizengrieß und Kichererbsen) im Maghreb, Dal (Reis und Linsen) in Indien, Chili (Reis und Kidneybohnen) in Südamerika …

Warum sollte man Getreide und Hülsenfrüchte kombinieren?
Proteine, ob tierischen oder pflanzlichen Ursprungs, bestehen aus Molekülen, die als Aminosäuren bezeichnet werden.

Im Gegensatz zu tierischem Eiweiß (Fleisch, Fisch, Eier) fehlt es pflanzlichem Eiweiß, insbesondere Getreide und Hülsenfrüchten, an bestimmten Aminosäuren. So sind die Proteine von Hülsenfrüchten in der Regel reich an Lysin und arm an Methionin. Und umgekehrt enthalten die Proteine von Getreide wenig Lysin und viel Methionin.

Die Kombination der beiden Aminosäuren, von denen jede den Mangel der anderen ausgleicht, bewirkt eine Aufnahme von Proteinen mit hohem Nährwert.

Wer sich vegetarisch ernährt, sollte daher Getreide und Hülsenfrüchte entweder zur selben Mahlzeit oder zumindest über den Tag verteilt essen.

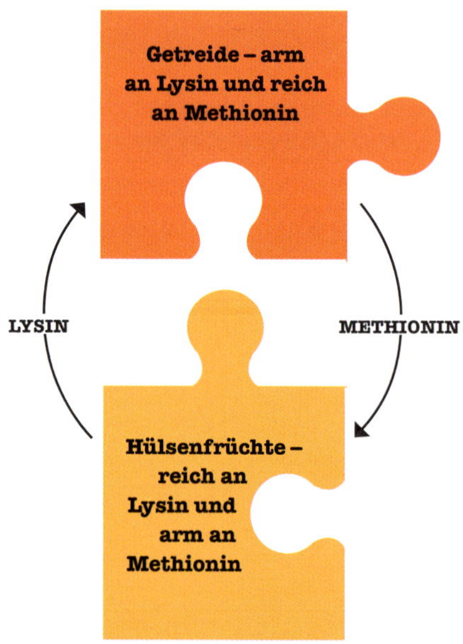

SUPERFOODS für die Kleinsten

Ernährungswissenschaftlich wird empfohlen, Kinder schon ab einem Alter von vier bis sechs Monaten an Hülsenfrüchte zu gewöhnen. Sie lassen sich leicht in Pürees oder Suppen einarbeiten. So kann man beispielsweise zerdrückte weiße Bohnen unter Kartoffeln mischen oder pürierte Linsen in eine Gemüsesuppe geben.

Kinder lieben Frikadellen, Kroketten, Burger … Es gibt also 1000 Möglichkeiten, sie Hülsenfrüchte essen zu lassen, indem man die Texturen und Farben der Zubereitungen variiert, um sie appetitlich aussehen zu lassen.

Eine abwechslungsreiche Ernährung mit Hülsenfrüchten liefert Vitamine und Mineralstoffe, die Kinder für eine gesunde Entwicklung benötigen, und ermöglicht es, die Menge an tierischen Proteinen zu reduzieren oder sie zu ersetzen, wenn sie mit Getreide kombiniert werden.

HÜLSENFRÜCHTE UND GETREIDE IN ALLER WELT

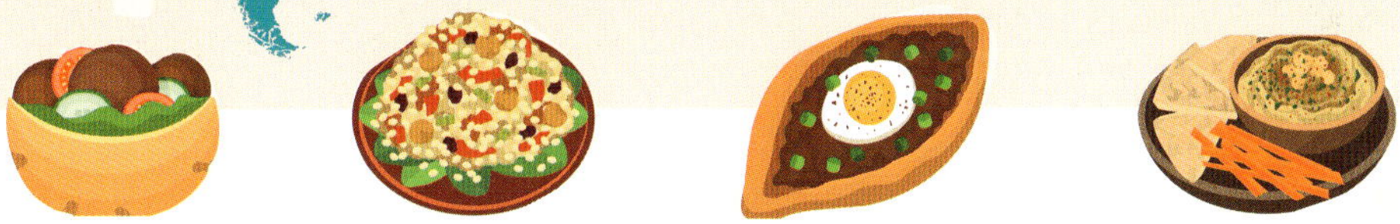

HÜLSENFRÜCHTE – in welchen Mengen?

- Mindestens zweimal pro Woche*.
- Eine Portion Hülsenfrüchte in einer Mahlzeit für einen Erwachsenen ist:
  - als Beilage: 60–80 g (gekochtes Produkt), das heißt etwa 3–4 EL;
  - als Hauptgericht: 80–100 g (gekochtes Produkt), das heißt etwa 4–5 EL.
- Um tierisches Eiweiß durch eine Mischung aus Getreide und Hülsenfrüchten zu ersetzen, empfiehlt sich eine Mischung aus zwei Dritteln Getreide und einem Drittel Hülsenfrüchten.*

**Empfehlungen laut Programme national nutrition et santé (PNNS)*

HÜLSENFRÜCHTE *zubereiten*

Hülsenfrüchte wurden von der Spitzengastronomie lange vernachlässigt, weil sie nicht als edel genug galten. Das hat sich allerdings inzwischen geändert, man findet sie immer öfter auf Speisekarten. Aufgrund unserer veränderten Ernährungsgewohnheiten (z. B. sinkender Fleischkonsum) finden Hülsenfrüchte mittlerweile ihren Platz sowohl in Schulkantinen als auch in Sternerestaurants.

EINWEICHEN UND KOCHEN

Warum muss man Hülsenfrüchte einweichen? Beim Einweichen dringt Wasser an der Stelle ein, an der der Samen am Stiel befestigt war, und lässt den Samen aufquellen. Durch das Einweichen und Kochen werden die Anti-Nährstoffe in der Samenschale (siehe Seite 21) zerstört, was die Verdaulichkeit und die Aufnahme von Mineralstoffen und Vitaminen fördert. Außerdem verbessert das Einweichen den Geschmack der Samen und verkürzt die Kochzeit.

Wie weicht man Hülsenfrüchte ein? Man legt sie einfach in eine Schüssel mit dem dreifachen Volumen an kaltem Wasser, idealerweise zwölf Stunden lang (Bohnen und Erbsen mindestens vier Stunden). Bei grünen und hellen Linsen, die eine dünnere Schale haben, ist die Einweichzeit kürzer oder kann sogar entfallen (das Einweichen ist vor allem für Menschen mit Verdauungsproblemen hilfreich). **Das Einweichwasser immer wegschütten und die Samen vor dem Kochen gut abspülen!**

Korallenlinsen müssen nicht eingeweicht werden. Es genügt, sie abzuspülen, da sie geschält in den Handel kommen.

HÜLSENFRÜCHTE: EINWEICH- UND KOCHZEITEN

	Einweichzeit	Kochzeit (ca.)
weiße Bohnen, Flageolet-Bohnen	mindestens 4 Std. bis 12 Std.	45 Min.–1½ Std.
rote und schwarze Bohnen	12 Std.	2 Std.
Mungobohnen	nicht einweichen	25 Min.
Kichererbsen	12 Std.	1½ Std.
helle, braune und grüne Linsen	bei Bedarf 2 Std. einweichen (um Anti-Nährstoffe auszuschwemmen)	25–40 Min. (Zeit verkürzt sich durch Einweichen)
rote Linsen	nicht einweichen	10–15 Min.
Ackerbohnen (getrocknet)	12 Std.	1½–2 Std.
Ackerbohnen (frisch)	nicht einweichen	5–10 Min
Spalterbsen	2 Std.	30 Min.
junge Erbsen (frisch)	nicht einweichen	15 Min. (gefroren: 25 Min.)
Lupinensamen	48–72 Std .	25–40 Min.

Hinweis: Im Schnellkochtopf halbiert sich die Garzeit.

Hülsenfrüchte werden immer mit kaltem Wasser aufgesetzt, lediglich Kichererbsen benötigen lauwarmes Wasser, um gleichmäßig zu garen. Gewürzzutaten wie Thymian, Lorbeer, Salbei, Nelken oder Kümmel können zugegeben werden. **Wichtig: Immer erst am Ende des Kochvorgangs salzen,** sonst bleiben die Schalen der Samen hart.

HÜLSENFRÜCHTE kochen

1 Glas Hülsenfrüchte auf 2–3 Gläser Wasser. Die Hülsenfrüchte sollten ganz mit Wasser bedeckt sein.

Um die benötigte Menge abzuschätzen, kann man den Unterschied zwischen rohem und gekochtem Produkt so berechnen:

Gekochtes Gewicht = rohes Gewicht × ca. 2,5–3

BLÄHUNGEN VERMEIDEN

Dazu gibt es mehrere Tipps:

- Hülsenfrüchte langsam in den Speiseplan einführen: anfangs einmal pro Woche, später mindestens zwei- bis dreimal pro Woche.
- Gewürze verwenden, die gegen Blähungen und Bauchkrämpfe helfen (Karminativa): Kümmel, Kardamom, Ingwer, Koriander, Sternanis, Nelken …
- Hülsenfrüchte mit etwas Fett (Öl, Butter) zubereiten oder dazu fettreiche Lebensmittel essen (Avocado, Ölsaaten: Mandeln, Walnüsse…).
- Hülsenfrüchte nicht separat essen. Stattdessen mit Getreide oder mit tierischem (Ei, Fleisch, Fisch) oder pflanzlichem Eiweiß (Tofu, Tempeh, Seitan) kombinieren.

TIPPS ZUM EINFACHEN KOCHEN

Braune Linsen: Nach dem Einweichen 1 gehackte Zwiebel mit etwas Olivenöl anbraten, die Linsen dazugeben, dann das kalte Wasser, 1 Bouquet garni und 2 geschälte Knoblauchzehen dazugeben. 25–40 Minuten kochen lassen.

Rote Linsen: Ohne Einweichen die abgespülten Korallenlinsen in einen Topf geben, kaltes Wasser, 1 Würfel Gemüsebrühe und 1 geschälte Knoblauchzehe dazugeben. 10–15 Minuten kochen.

Weiße Bohnen: Nach dem Einweichen die Bohnen mit kaltem Wasser aufgießen und eine mit einer Nelke gespickte Zwiebel dazugeben. 45 Minuten bis 1½ Stunden kochen lassen. Am Ende der Garzeit Petersilie und 1 EL Rapsöl zugeben.

Kichererbsen: Nach dem Einweichen die Kichererbsen mit einer Zimtstange und 1 TL gemahlenem Kreuzkümmel in lauwarmes Wasser geben. Etwa 1½ Stunden kochen.

- Manchmal wird empfohlen, Natron ins Kochwasser zu geben. Die Wirkung ist jedoch wissenschaftlich nicht bestätigt.

SIND KONSERVEN, TK-PRODUKTE UND FERTIGGERICHTE AUCH GESUND?

Hülsenfrüchte aus dem Glas oder der Dose haben noch alle ihre guten Nährwerteigenschaften und sind in dieser Form oft sogar besser verdaulich.

Da die Samen bereits gekocht sind, müssen sie nicht eingeweicht werden. Das verkürzt die Garzeit von Gerichten erheblich. Wichtig ist aber, das überschüssige Salz abzuspülen. Lesen Sie das Kleingedruckte. Die Salzmenge sollte nicht mehr als 1 g pro 100 g des Produkts betragen.

Beim Einfrieren von frischen Bohnen und Erbsen wird der Reifeprozess gestoppt und die Nährstoffe bleiben erhalten. Tiefgefrorene Bohnen und Erbsen sind sehr praktisch, wenn es in der Küche schnell gehen soll.

Und was ist von Fertiggerichten zu halten? Cassoulet, weiße Bohnen in Tomatensoße, Linseneintopf … Diese verarbeiteten Produkte sollten Sie nicht zu oft essen, da sie häufig viele Konservierungsstoffe, Zucker und Salz enthalten. Sie können jedoch hin und wieder als Notlösung dienen. Lesen Sie die Etiketten aufmerksam durch, um sicherzustellen, dass kein Zuckerzusatz (in Form von Sirup, Stärke oder Zucker) und kein übermäßiges Salz enthalten sind.

Gut zu wissen

Getrocknete Hülsenfrüchte sollten an einem kühlen, trockenen Platz aufbewahrt und innerhalb von 18 Monaten verbraucht werden.

MEHLE AUS HÜLSENFRÜCHTEN

Hülsenfrüchte können zu Mehl gemahlen und in bestimmte Zubereitungen eingearbeitet werden, wobei ihre Nährwerteigenschaften erhalten bleiben. Die berühmte Socca de Nice zum Beispiel ist ein gebackener Fladen aus Kichererbsenmehl, dessen Rezept schon sehr lange bekannt ist. Seine Variante aus Marseille, die Panisse, wird in einem Ölbad gebacken. Auf Seite 90 finden Sie eine überarbeitete Version in Form von »Pommes frites« für Groß und Klein.

Lupinenmehl ist insbesondere bei veganer Ernährung und bei Ei-Allergie eine hervorragende Alternative zu Eiern in Kuchen, da es die Rolle des Bindemittels und Emulgators übernimmt: 1 Ei kann durch 1 EL Lupinenmehl und 2 EL Wasser ersetzt werden.

Nudeln aus Hülsenfrucht-Mehlen sind heute in fast jedem Supermarkt zu bekommen (Fusilli aus Spalterbsen, Spaghetti aus roten Linsen, Tagliatelle aus Edamame …).

AQUAFABA

Als Aquafaba bezeichnet man das Kochwasser von Hülsenfrüchten, eine fast farblose, leicht zähflüssige Flüssigkeit. Kichererbsen-Aquafaba lässt sich wie Eiweiß schaumig schlagen. Es ist reich an pflanzlichen Proteinen, aber auch an schwer verdaulichen Zuckern (siehe Seite 20), daher sollte man es sparsam verwenden.

Man kann auch das Kochwasser von selbst gekochten Kichererbsen verwenden, besser geeignet ist aber die Flüssigkeit aus Gläsern oder Dosen, da sie konzentrierter und in der Küche besser handhabbar ist.

Kichererbsen-Aquafaba lässt sich mit Zugabe von etwas Salz und Zitronensaft schaumig aufschlagen und für verschiedene Zubereitungen verwenden.

Zwei Rezepte mit Aquafaba folgen auf der nächsten Seite.

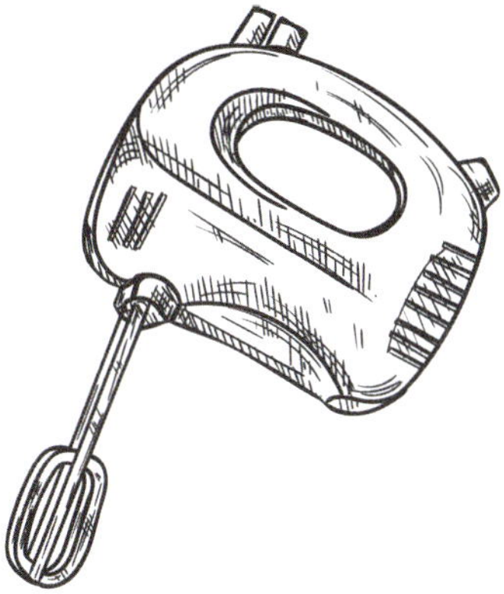

MAYONNAISE MIT *Aquafaba*

VORBEREITUNG: 10 MIN.
WARTEZEIT: 2 STD.

- 3 EL Aquafaba
- 1 EL Senf
- 1 TL Zitronensaft
- Salz
- Rapsöl

Aquafaba, Senf, Zitronensaft und Salz mit einem Handmixer verrühren. Bei laufendem Motor langsam das Rapsöl hineinträufeln.

Mit Gewürzen nach Wahl (Paprika, Kreuzkümmel ...) oder frischen Kräutern (Schnittlauch, Petersilie ...) verfeinern.

Zum Festwerden mindestens 2 Stunden kühl stellen.

MOUSSE AU CHOCOLAT MIT *Aquafaba*

VORBEREITUNG: 15 MIN.
GARZEIT: 5 MIN.
WARTEZEIT: 2 STD.

- 200 g dunkle Schokolade (mindestens 75 % Kakaoanteil)
- 200 g Aquafaba
- Saft von ½ Zitrone
- 1 EL Agavendicksaft (oder Akazienhonig) oder 4 EL Kokosblütenzucker

Die Schokolade über einem Wasserbad schmelzen.

In der Zwischenzeit das Aquafaba in eine Schüssel gießen. 1 Prise Salz und den Zitronensaft hinzugeben. Mit einem Handrührgerät 2 Minuten bei mittlerer Geschwindigkeit schlagen, dann 3 Minuten auf hoher Stufe schlagen. In den Kühlschrank stellen.

Die geschmolzene Schokolade mit dem Agavendicksaft verrühren, um die Temperatur zu senken. Den Aquafaba-Schaum allmählich mit kreisenden Bewegungen unterrühren. Die Mischung sollte flüssiger sein als eine normale Mousse, da sie beim Abkühlen fester wird. Zum Festwerden mindestens 2 Stunden in den Kühlschrank stellen.

Vor dem Servieren beispielsweise mit Pistazien, Mandelblättchen, gerösteten Erdnüssen, frischen Himbeeren ... bestreuen.

Achtung: Sie brauchen dieselbe Menge Aquafaba wie Schokolade. Wiegen Sie zunächst das Aquafaba ab und passen Sie dann die Menge der Zartbitterschokolade an.

GUT FÜR DIE GESUNDHEIT *und für unseren Planeten*

Hülsenfrüchte sind heute wieder im Gespräch und gelten sogar als Superfood, weil sie sowohl aus ernährungswissenschaftlicher Sicht als auch im Hinblick auf die Gesundheit im weitesten Sinne des Wortes vorteilhaft sind. Auch unter landwirtschaftlichen und wirtschaftlichen Gesichtspunkten sind sie sehr interessant. Und schließlich hat ihr Verzehr sogar mit ökologischer Verantwortung im Kontext des aktuellen Klimawandels zu tun.

WELTWEIT WACHSENDES INTERESSE

Das Jahr 2016 wurde von der Generalversammlung der Vereinten Nationen zum Internationalen Jahr der Hülsenfrüchte erklärt, um Bewusstsein dafür zu wecken, welchen Beitrag diese Samen zum Wohlergehen der Weltbevölkerung und der Umwelt leisten können. Dies führte dazu, dass sich auch die wissenschaftliche Gemeinschaft verstärkt mit diesem Thema befasste.

Die ernährungswissenschaftliche Empfehlung lautet, zweimal wöchentlich Hülsenfrüchte zu essen. Tatsächlich ist unsere Zufuhr an Hülsenfrüchten noch immer unzureichend, auch wenn seit Anfang der 2000er-Jahre ein Aufwärtstrend zu beobachten ist, der mit einer nachlassenden Begeisterung für tierische Proteine zusammenhängt*. Wer mehr Hülsenfrüchte isst, profitiert von einer Vielzahl an Vorteilen.

WERTVOLLE, GESUNDE INHALTSSTOFFE

Wie wir gesehen haben, enthalten Hülsenfrüchte pflanzliches Eiweiß und Kohlenhydrate mit niedrigem glykämischem Index, sind reich an Vitaminen, Mineralien und Ballaststoffen und sehr fettarm. Hülsenfrüchte sind sowohl für unterernährte Menschen als auch für Menschen mit Übergewicht gut.

**Quelle: Ministère de l'Agriculture et de l'Alimentation. BLEZAT Consulting, le Crédoc et Deloitte Développement Durable. Étude prospective sur les comportements alimentaires de demain. 28. Februar 2017.*

KRANKHEITSVORBEUGUNG

Der Verzehr von Hülsenfrüchten trägt zur Vorbeugung und diätetischen Behandlung von Typ-2-Diabetes bei. Dank ihres niedrigen glykämischen Index (siehe Seite 20) helfen sie, den Blutzuckerspiegel zu regulieren. Ihre Ballaststoffe unterstützen die Senkung des Cholesterinspiegels im Blut, was zur Vorbeugung von Herz-Kreislauf-Erkrankungen wie Herzinfarkt oder Schlaganfall beiträgt.

GEWICHTSREGULIERUNG

Eine Mahlzeit mit Hülsenfrüchten sättigt anhaltend. Sie enthalten Ballaststoffe und komplexe Kohlenhydrate, die uns lange satt machen, was Heißhungerattacken und Naschgelüste verringert. Dies trägt zur Stabilisierung des Gewichts bei.

GESUNDER DARM

Hülsenfrüchte können zwar Blähungen verursachen, sind aber gut für die Verdauung und das Mikrobiom. Ihre Ballaststoffe binden Giftstoffe im Darm und fördern so das Gleichgewicht der nützlichen Bakterien in unserem Verdauungssystem. Da sie kein Gluten enthalten, eignen sie sich für Menschen, die überempfindlich oder intolerant (Zöliakie) gegenüber Gluten sind.

AUSGEWOGENE ERNÄHRUNG

Hülsenfrüchte in Kombination mit Getreide sind eine gute Alternative zu tierischem Eiweiß (siehe Seite 18) und sorgen für Abwechslung auf unseren Tellern.

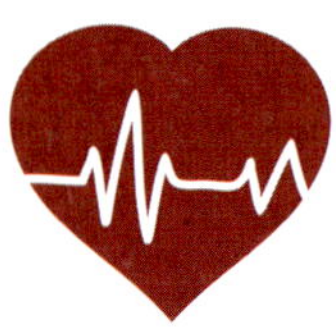

Hülsenfrüchte

- **Helfen beim Kampf gegen Mangelernährung**
- **Fördern eine gesunde Darmflora**
- **Beugen Stoffwechselerkrankungen (Diabetes, Bluthochdruck …) und Herz-Kreislauf-Erkrankungen vor**
- **Sind glutenfrei**
- **Sättigen und haben einen niedrigen GI (Gewichtskontrolle)**
- **Enthalten Vitamine und Mineralien**

Richtig oder falsch?

HÜLSENFRÜCHTE MACHEN DICK.

FALSCH.

Hülsenfrüchte sind als Dickmacher verrufen. Als stärkehaltige, also kohlenhydratreiche, Lebensmittel haben sie eine sogenannte »hohe Energiedichte«, das heißt, sie sind kalorienreich. Dennoch sollte man nicht die Kalorien betrachten, sondern vielmehr die Nährstoffe. Hülsenfrüchte liefern komplexe Kohlenhydrate, die ein Sättigungsgefühl erzeugen, das Heißhungerattacken und Naschen verhindert. Wenn die verzehrte Menge den täglichen Bedarf an Kohlenhydraten nicht überschreitet, gibt es keinen Grund, warum Hülsenfrüchte dick machen sollten.

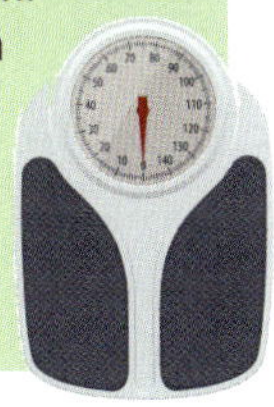

HÜLSENFRÜCHTE für wen?

- Kinder ab vier bis sechs Monaten (Beginn der Nahrungsdiversifizierung)
- Schwangere (Hülsenfrüchte sind reich an Folaten beziehungsweise Vitamin B9, die für die neurologische Entwicklung des Fötus unerlässlich sind)
- alle Erwachsenen, unabhängig davon, ob sie sich vegetarisch ernähren oder nicht
- ältere Menschen mit Risiko eines Proteinmangels

WIRTSCHAFT, LANDWIRTSCHAFT UND ÖKOLOGIE

Hülsenfrüchte gehören zu den rentabelsten und nahrhaftesten Nutzpflanzen der Welt. Sie wachsen auf verschiedenen Bodenarten und benötigen nur wenig Wasser. Sie können fast das ganze Jahr über geerntet werden, je nach Sorte mehrmals im Jahr, und die Konservierung durch Trocknung verringert den Verlust von Lebensmitteln und gewährleistet eine gewisse Ernährungssicherheit. Sie sind billiger zu produzieren als tierische Proteine und könnten unter anderem Unter- und Mangelernährung weltweit verringern.

Ein weiterer positiver Aspekt ist, dass der Anbau von Hülsenfrüchten die Fruchtbarkeit der Böden fördert. Denn die Wurzeln von Hülsenfrüchten können Stickstoff aus der Luft binden und durch Zersetzung wieder an den Boden abgeben. Damit helfen sie, Düngemittel und Pestizide einzusparen. Außerdem können die Abfälle aus dem Anbau von Hülsenfrüchten als Futtermittel für Tiere verwendet werden.

Da die Weltbevölkerung stetig wächst, sind diese landwirtschaftlichen, wirtschaftlichen und ökologischen Aspekte für die Art und Weise, wie wir uns täglich ernähren, von größter Bedeutung. Hülsenfrüchte helfen, diese Probleme zu bekämpfen.

LEBENSMITTEL UND WASSERVERBRAUCH

Hülsenfrüchte sind kostengünstig – in Anbau, Ernte und Verzehr. Grund genug, sie öfter zu essen!

5 GUTE GRÜNDE, *Hülsenfrüchte* ZU ESSEN

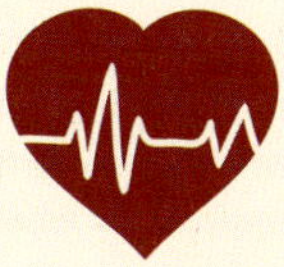

1

Gut für die Gesundheit

Hülsenfrüchte tragen zu einem besseren allgemeinen Gesundheitszustand bei. Sie sind reich an Antioxidantien, Ballaststoffen, Vitaminen und Mineralstoffen und spielen eine wichtige Rolle bei der Vorbeugung bestimmter Stoffwechselerkrankungen (z. B. Diabetes Typ 2, Bluthochdruck). Sie sind hervorragende Quellen für pflanzliches Eiweiß und Kohlenhydrate mit niedrigem glykämischem Index, sättigen gut und erleichtern die Gewichtskontrolle.

2

Gut für die Umwelt

Hülsenfrüchte liefern eine Antwort auf die Probleme des Klimawandels und der abnehmenden Artenvielfalt. Ihr Anbau hat geringere Auswirkungen auf die Umwelt als die Fleischproduktion: Er erfordert wenig Wasser und ermöglicht es, die Treibhausgasemissionen zu verringern. Durch den Verzehr von Hülsenfrüchten verringern wir unseren CO_2-Fußabdruck!

3

Gut für die Wirtschaft

Für die Landwirtschaft sind Hülsenfrüchte kostengünstige Nutzpflanzen, für uns sind sie eine preiswerte Proteinquelle, die zu einer ausgewogenen Ernährung beiträgt.

4

Gut für die Landwirtschaft

Hülsenfrüchte düngen den Boden auf natürliche Weise und senken den Bedarf an Düngemitteln. Sie sind sehr widerstandsfähig gegen extreme Klimabedingungen und lassen sich leicht anbauen.

5

Gut für den Genuss

Hülsenfrüchte können für Vorspeisen, Suppen, Salate und viele andere Gerichte verwendet werden. Sie lassen sich als Hauptgericht oder als Beilage zubereiten, mit verschiedenen Gewürzen und Kräutern verfeinern und als ganze Samen, Püree oder Kroketten verzehren.

Vorspeisen

ACKERBOHNENCREME MIT *Orangen*

Für 4 Personen

VORBEREITUNG: 10 Min.
GARZEIT: 5 Min.
KÜHLZEIT: 30 Min.

- 200 g TK-Ackerbohnen
- 1 Bio-Orange
- ½ TL gemahlener Kreuzkümmel
- 1 Prise Chilipulver
- Salz
- Zitronenscheiben (optional)

Die Orange schälen und die Schale in Stücke schneiden. Die Frucht auspressen und den Saft beiseite stellen.

Die Bohnen mit den Orangenschalen in kaltes Wasser geben. Zum Kochen bringen und 2 Minuten kochen lassen. Abtropfen lassen und die Orangenschalen entfernen.

Die Bohnen mit dem Orangensaft und den Gewürzen pürieren und mit Salz abschmecken.

30 Minuten kalt stellen.

Mit Chilipulver bestreuen und eventuell mit einigen Zitronenscheiben dekorieren. Mit geröstetem Brot oder Blinis genießen.

LINSENCREME MIT *Roten Beten* UND ZIEGENFRISCHKÄSE

Für 4 Personen

VORBEREITUNG: 10 Min.
GARZEIT: 20 Min.
KÜHLZEIT: 1 Std.

- 75 g grüne Linsen
- 2 gekochte Rote Bete
- 150 g Ziegenfrischkäse
- 1 Schalotte
- 1 EL Walnussöl
- 1 EL Apfelessig
- Salz, Pfeffer
- gehackte Walnüsse oder Räucherlachsstreifen (optional)

Die Linsen abspülen und 20 Minuten in einem Topf mit der dreifachen Menge Wasser kochen. Am Ende der Kochzeit salzen.

Die Linsen abtropfen und abkühlen lassen, dann mit den restlichen Zutaten pürieren, mit Salz und Pfeffer abschmecken.

Die Creme auf Gläser verteilen und mindestens 1 Stunde kalt stellen. Vor dem Servieren nach Wunsch mit gehackten Walnüssen oder Räucherlachs garnieren.

PANNACOTTA MIT Frühlingsgemüse

FÜR 4 PERSONEN

VORBEREITUNG: 20 Min.
GARZEIT: 20 Min.
KÜHLZEIT: 2 Std. 20 Min.

- 200 g TK-Erbsen
- 8 Stangen grüner Spargel
- 1 Würfel Bio-Gemüsebrühe
- 250 ml flüssige Sahne oder pflanzliche Sahne
- 2 g Agar-Agar
- 1 Prise gemahlener Kreuzkümmel
- Salz, Pfeffer

Spargel waschen, in kleine Stücke schneiden und zusammen mit den Erbsen 15 Minuten in kochendem Wasser mit dem Brühwürfel garen.

Abgießen und 100 ml der Brühe aufbewahren. Das Gemüse mit der Brühe und der Sahne pürieren.

Agar-Agar und Kreuzkümmel dazugeben und erhitzen. Nach dem Aufkochen vom Herd nehmen und 20 Minuten abkühlen lassen.

Die Pannacotta in Gläser verteilen und mindestens 2 Stunden kalt stellen.

TIPP: Sie können diese Pannacotta auch als kalte Vorspeise mit einer Scheibe geräucherter Entenbrust servieren. Statt das Gemüse zu pürieren, können Sie die Spargelstücke und die Erbsen auch unpüriert in die heiße Sahne geben.

HUMMUS aus roten Linsen

Für 4 Personen

VORBEREITUNG: 10 Min.
GARZEIT: 15 Min.
KÜHLZEIT: 30 Min.

- 150 g rote Linsen
- 1 Würfel Bio-Gemüsebrühe
- 20 g Pinienkerne
- 3 EL Tahin (Sesammus)
- 1 Knoblauchzehe
- 2 TL Kurkuma
- Olivenöl
- Salz, Pfeffer

Die Linsen abspülen. In einem Topf mit der dreifachen Menge Wasser und dem Brühwürfel erhitzen. Sobald das Wasser anfängt zu kochen, den Deckel auflegen, die Hitze reduzieren und die Linsen 10 Minuten köcheln lassen, bis sie weich sind.

Abtropfen und abkühlen lassen, dann 30 Minuten in den Kühlschrank stellen.

Die Pinienkerne in einer Pfanne mit 1 TL Öl rösten.

Die Linsen mit Tahin, Knoblauch, Kurkuma und 1 EL Öl in einem Mixer mehr oder weniger glatt pürieren.

Vor dem Servieren mit Pinienkernen bestreuen und mit Rohkost, z. B. Karotten oder Stangensellerie, servieren.

PROVENZALISCHER Bohnenaufstrich

Für 4 Personen

VORBEREITUNG: 15 Min.

- 120 g weiße Bohnen aus der Dose (Abtropfgewicht)
- 1 Schalotte, gehackt
- Saft von ½ Zitrone
- 100 g Thunfisch in Olivenöl
- 6–8 getrocknete Tomaten in Öl
- 10 Kapern
- 1 TL Paprikapulver
- 1 Prise Chilipulver
- Salz, Pfeffer

Die Bohnen abspülen und abtropfen lassen. Zusammen mit der gehackten Schalotte, dem Zitronensaft und 2 EL Wasser in eine Schüssel geben.

Den Thunfisch abtropfen lassen, dabei das Öl aufbewahren. Die getrockneten Tomaten und den Thunfisch zu den Bohnen geben, 2 EL Öl vom Thunfisch hinzufügen und alles zu einer cremigen Mischung verrühren.

Salzen und pfeffern, Kapern, Paprikapulver und Chilipulver dazugeben und verrühren.

In Chicoréeblättern, auf Brot oder mit Körnercrackern genießen.

TIPP: Wenn Sie getrocknete Bohnen verwenden, brauchen Sie davon 40 g, die Sie zunächst 12 Stunden einweichen und dann 1 Stunde kochen.

FALAFEL MIT *Karotten* UND *Kreuzkümmel*

ERGIBT 20 STÜCK

VORBEREITUNG: 30 Min.
EINWEICHZEIT: 12 Std.
KÜHLZEIT: 4 Std.
GARZEIT: 2 Min. pro Stück

- 100 g getrocknete Kichererbsen
- 100 g Karotten
- 2 Knoblauchzehen
- 20 g Kichererbsenmehl
- ½ TL Natron (Haushaltsbikarbonat)
- 1 EL gemahlener Kreuzkümmel
- 1 TL gemahlener Koriander
- 1 EL getrocknete Minze
- ½ TL Salz
- ½ TL Pfeffer
- Öl zum Frittieren

FÜR DIE TARATOR-SOSSE

- 1 Knoblauchzehe
- 75 g Tahin
- 3 EL Zitronensaft
- grobes Salz

Die Kichererbsen am Vortag in kaltem Wasser einweichen. Danach abgießen, abspülen und mit Küchenpapier abtrocknen.

Die Karotte schälen und raspeln, den Knoblauch abziehen.

Die Kichererbsen mit der geraspelten Karotte, Knoblauch, Mehl, Natron, Gewürzen, Minze, Salz und Pfeffer in einem Mixer glatt pürieren.

Die Masse in einer Kuchenform verteilen, mit Frischhaltefolie abdecken und mit der Hand gut glatt streichen. 4 Stunden kalt stellen.

In der Zwischenzeit die Soße zubereiten. Die Knoblauchzehe mit einer Prise grobem Salz im Mörser zerstoßen. Das Tahin mit dem Zitronensaft und 3 EL Wasser verrühren. Den pürierten Knoblauch unterrühren.

Mit nassen Händen aus der Kichererbsenmasse etwa 20 kleine Kugeln formen. Das Öl erhitzen und die Falafel frittieren, bis sie goldbraun sind. Auf Küchenpapier abtropfen lassen. Mit der Tarator-Soße servieren.

KROKETTEN AUS *Kidneybohnen* MIT ERDNÜSSEN

Ergibt 20 Stück

VORBEREITUNG: 15 Min.
GARZEIT: 8–10 Min.

- 250 g Kidneybohnen oder weiße Bohnen (Abtropfgewicht) aus der Dose
- 2 Knoblauchzehen
- 1 EL Tomatenmark
- 1 EL Honig
- ½ TL gemahlener Zimt
- 35 g Vollkornweizenmehl
- 10 Blätter Koriander
- Olivenöl
- Salz, Pfeffer
- 40 g gesalzene Erdnüsse

Den Backofen auf 200 °C vorheizen. Die Bohnen abspülen und abtropfen lassen. Die Bohnen mit dem zerdrücktem Knoblauch, Tomatenmark, Honig und Zimt vermengen. Das Mehl dazugeben und gut verrühren. Den Koriander hacken und untermischen. Salzen und pfeffern.

Mit angefeuchteten Händen aus der Masse Kugeln mit etwa 3 cm Durchmesser rollen.

Die Erdnüsse im Mörser grob zerkleinern und die Kugeln darin wälzen.

Die Kroketten in einen Bräter legen, mit Öl beträufeln und für 8–10 Minuten in den Ofen schieben, dabei nach der Hälfte der Zeit wenden.

GERÖSTETE *Lupinenkerne* ZUM KNABBERN

Für 4 Personen

VORBEREITUNG: 10 Min.
GARZEIT: 20 Min.

- 200 g Lupinensamen (Abtropfgewicht) aus der Dose
- 1 EL Olivenöl
- 1 TL Knoblauchpulver
- 1 TL Currypulver
- ½ TL brauner Zucker
- pikante Oliven

Den Backofen auf 200 °C vorheizen. Die Lupinensamen abtropfen lassen, abspülen und mit einem Küchentuch trocknen.

Das Öl in einer Schüssel mit dem Knoblauch- und dem Currypulver verrühren. Die Mischung über die Samen gießen und mit der Hand durchmischen, damit sie gleichmäßig umhüllt sind.

Die Lupinensamen in einer Schicht auf einem Backblech verteilen. Für 20 Minuten in den Ofen schieben und dabei nach der Hälfte der Backzeit durchrütteln. Mit dem Zucker bestreuen. Mit kleinen Spießchen und pikanten Oliven servieren.

TIPP: Lupinensamen sind leichter verdaulich, wenn man vor der Verarbeitung die Haut entfernt.

SCHNELLE *Gerichte*

BELUGA-LINSENSALAT MIT *Pfirsichen* UND FETA

FÜR 4 PERSONEN

VORBEREITUNG: 15 Min.
GARZEIT: 20 Min.
KÜHLZEIT: 20 Min.

- 175 g Beluga-Linsen (oder grüne Linsen)
- 2 Pfirsiche
- 200 g Feta-Käse
- 1 Tomate
- 1 rote Zwiebel
- 2 EL Olivenöl
- 4 Champignons
- 1 Limette
- Schnittlauch
- Salz, Pfeffer

Die Linsen abspülen und dann in einem großen Topf mit der dreifachen Menge Wasser 20 Minuten kochen. Am Ende der Kochzeit salzen.

In der Zwischenzeit die Pfirsiche und die Tomate in Spalten, den Feta in Würfel und die Zwiebel in feine Streifen schneiden. Alles mit 1 EL Öl beträufeln und kühl stellen.

Die Champignons in Scheiben schneiden und den Saft der Limette auspressen. Den Schnittlauch hacken.

Die Linsen abgießen und abkühlen lassen, dann 20 Minuten in den Kühlschrank stellen. Sobald sie nur noch lauwarm sind, in der Schüssel mit den Pfirsichen, Feta, Tomaten und Zwiebeln vermischen.

Champignons, Limettensaft, gehackten Schnittlauch und das restliche Öl hinzufügen und mischen. Salzen und pfeffern.

Mit geröstetem, mit Knoblauch eingeriebenem Brot servieren.

ORZO-SALAT MIT *Kidneybohnen* UND CASHEW-PESTO

FÜR 4 PERSONEN

VORBEREITUNG: 25 Min.
EINWEICHZEIT: 20 Min.
GARZEIT: 10 Min.

- 120 g Kidneybohnen (Abtropfgewicht) aus der Dose
- 150 g Orzo-Nudeln (oder Risoni)
- 1 Gurke
- 12–16 Kirschtomaten
- 1 Zwiebel
- getrockneter Oregano
- 1 Avocado
- Salz

FÜR DAS CASHEW-PESTO:

- 50 g geröstete Cashewkerne
- 1 Knoblauchzehe
- 15 Blätter Basilikum
- 4 EL Olivenöl
- Saft von ½ Zitrone
- 1 Messerspitze Chilipulver

Die Cashewkerne für das Pesto 20 Minuten in kaltem Wasser einweichen.

In der Zwischenzeit die Orzo-Nudeln 10 Minuten al dente kochen. Am Ende der Kochzeit salzen, abgießen und abkühlen lassen.

Die Gurke in kleine Würfel schneiden, die Kirschtomaten halbieren und alles mit der gehackten Zwiebel und einer Prise Oregano vermischen.

Die Kidneybohnen abspülen und abtropfen lassen, dann zum Gemüse geben.

Avocado in Scheiben schneiden.

Alle Zutaten für das Pesto nacheinander in einen Mixer geben und fein pürieren.

Den Salat mischen und die Avocadoscheiben darauf anrichten. Vor dem Servieren mit dem Pesto beträufeln.

TIPP: Wenn Sie getrocknete Kidneybohnen verwenden, brauchen Sie davon 40 g, die Sie zunächst 12 Stunden einweichen und dann 1 Stunde kochen.

KICHERERBSENSALAT MIT MARINIERTER *Paprika,* *Eiern* UND *Kreuzkümmel*

FÜR 4 PERSONEN

VORBEREITUNG: 10 Min.
GARZEIT: 10 Min.

- 3 Eier
- 250 g Kichererbsen (Abtropfgewicht) aus der Dose
- 400 g eingelegte Paprikaschoten (rot, gelb oder gemischt)
- 1 große Handvoll Feldsalat (oder frischer Spinat oder Romanasalat)
- 1 Prise Kreuzkümmelsamen

FÜR DIE SOSSE

- 2 EL Olivenöl
- 1 Knoblauchzehe
- 1 TL gemahlener Kreuzkümmel
- 1 TL gemahlene Kurkuma
- Petersilie
- Salz

Die Eier 10 Minuten in heißem Wasser hart kochen. Unter kaltem Wasser abschrecken, dann pellen. Die Kichererbsen abspülen und abtropfen lassen.

Für die Soße Öl, geschälten und zerdrückten Knoblauch, Gewürze und einen Großteil der gehackten Petersilie in einer Schüssel verrühren. Mit Salz abschmecken.

Die abgetropften Paprikaschoten und den Feldsalat zur Soße geben und mischen, dann die geviertelten hart gekochten Eier hinzufügen.

Vor dem Servieren mit Kreuzkümmelsamen und gehackter Petersilie bestreuen.

TIPP: Wenn Sie die Paprika selbst rösten möchten: 3 Paprikaschoten halbieren, entkernen und mit der Hautseite nach oben auf ein Backblech legen. 25 Minuten bei 200 °C in den Backofen schieben, bis sie dunkel gebräunt sind und die Haut sich zu lösen beginnt. Aus dem Ofen nehmen und 10 Minuten mit einem Teller abdecken. Häuten und in Streifen schneiden.

QUINOA-SALAT MIT *Garnelen* UND EDAMAME

FÜR 4 PERSONEN

VORBEREITUNG: 20 Min.
GARZEIT: 15 Min.

- 150 g Quinoa
- 150 g TK-Edamame
- 1 Würfel Bio-Gemüsebrühe
- 1 Knoblauchzehe
- 8 geschälte Garnelen
- 1 Karotte
- 1 Zucchini
- 1 TL Knoblauchpulver
- 40 g geröstete Erdnüsse
- 20 Blätter Koriander
- Butter
- Salz

FÜR DIE VINAIGRETTE

- 2 EL Sesamöl (oder Sonnenblumenöl)
- 1 EL Sojasoße
- 1 EL Nuoc-mâm-Soße
- 1 TL Ingwerpulver
- 2 EL Reisessig (oder Weißweinessig)
- 1 TL Honig
- 1 EL Limettensaft

Quinoa abspülen und 15 Minuten in 500 ml Wasser mit dem Brühwürfel und etwas Salz kochen. Sobald der Keim aus den Samen tritt, vom Herd nehmen, abtropfen lassen und zudecken. Abkühlen lassen.

Die Edamame in einem Topf mit kochendem Wasser 5 Minuten kochen. Unter kaltem Wasser abschrecken und abtropfen lassen.

Den gehackten Knoblauch in der Butter in einer Pfanne anbraten, dann die Garnelen zugeben und 2–3 Minuten mitbraten.

Die Karotte schälen. Mit einem Sparschäler aus der Karotte und der Zucchini lange Bänder schneiden und mit dem Knoblauchpulver bestreuen.

Erdnüsse und Koriander grob hacken.

Die Zutaten für das Dressing nacheinander verrühren. In einer Schüssel Quinoa, Edamame und Gemüsestreifen mischen. Den Salat auf Tellern servieren und mit Erdnüssen und Koriander bestreuen. Die Soße darüber gießen und die Garnelen darauf anrichten.

TIPP: Wer es lieber vegetarisch mag, bereitet den Salat einfach ohne die Garnelen zu.

WEIßE-BOHNEN-SALAT MIT *Blauschimmelkäse* UND ENTENBRUST

FÜR 4 PERSONEN

VORBEREITUNG: 10 Min.
GARZEIT: 3 Min.

- 20 g Kürbiskerne
- 150 g weiße Bohnen (Abtropfgewicht) aus der Dose
- 400 g Romanasalat (oder Eisbergsalat)
- 125 g Blauschimmelkäse
- 150 g geräucherte Entenbrust, in Scheiben geschnitten
- 8–10 Radieschen
- 40 g gehackte Haselnüsse

FÜR DIE VINAIGRETTE

- 1 TL körniger Senf
- Walnussöl
- Apfelessig
- Pfeffer

Die Kürbiskerne in einer heißen Pfanne 3 Minuten rösten, dabei die Pfanne gelegentlich rütteln.

Die weißen Bohnen abspülen und abtropfen lassen. Den Salat waschen, in Stücke reißen und den Käse in Würfel schneiden. Die Radieschen in Scheiben schneiden.

In einer großen Salatschüssel aus Senf, Öl, Essig und Pfeffer eine Vinaigrette zubereiten.

Bohnen, Salat, Radieschen und Käse dazugeben und mischen. Mit Kürbiskernen und Haselnüssen bestreuen und die Entenbrustscheiben darauf anrichten.

TIPP: Wenn Sie getrocknete Bohnen verwenden, brauchen Sie davon 40 g, die Sie zunächst 12 Stunden einweichen und dann 1 Stunde kochen. Für eine süß-saure Variante geben Sie einen Apfel – entkernt und in dünne Scheiben geschnitten – dazu.

ROTE LINSEN-CREMESUPPE MIT *Blumenkohl* UND SPECK

Für 4 Personen

VORBEREITUNG: 10 Min.
GARZEIT: 15–20 Min.

- 120 g rote Linsen
- 400 g Blumenkohl
- 8 Scheiben durchwachsener Speck ohne Fettrand
- 200 ml pflanzliche Sahne
- Pfeffer

Die Linsen abspülen. Den Blumenkohl waschen und in Röschen zerteilen. Linsen und Blumenkohl zusammen 15–20 Minuten in einem Topf mit 1 l Wasser weich kochen. Am Ende der Kochzeit salzen.

In der Zwischenzeit die Speckscheiben 8–10 Minuten unter dem Backofengrill bei 240 °C rösten.

Abtropfen lassen. Linsen und Blumenkohl mit der pflanzlichen Sahne und 4 gegrillten Speckscheiben in einem Mixer glatt pürieren. Mit Pfeffer würzen.

Auf Teller füllen, mit den restlichen gegrillten Speckstücken dekorieren und lauwarm servieren.

GAZPACHO MIT *Kidneybohnen* UND ROQUEFORT

Für 4 Personen

VORBEREITUNG: 15 Min.
KÜHLZEIT: 2 Std.

- 6 Tomaten
- 1 Gurke
- 2 rote Paprikaschoten
- 2 junge Zwiebeln
- 1 Knoblauchzehe
- 175 g Kidneybohnen (Abtropfgewicht) aus der Dose
- 3 EL Olivenöl
- 2 EL Balsamicoessig
- 80 g Roquefort
- getrocknete Cranberrys
- Salz, Pfeffer

Die Tomaten 2 Minuten in kochendes Wasser tauchen, dann abkühlen lassen, häuten und vierteln.

Roquefort in Würfel schneiden.

Gurke und Paprika schälen, entkernen und in Stücke schneiden. Zwiebeln und Knoblauch abziehen. Alles in einen Mixer geben, die abgespülten und abgetropften Kidneybohnen hinzufügen. Das Öl und den Essig dazugeben und glatt pürieren.

Falls die Gazpacho zu dick ist, kann sie mit etwas kaltem Wasser verdünnt werden. Salzen und pfeffern. 2 Stunden kalt stellen. Vor dem Servieren mit Käsewürfeln und getrockneten Cranberrys garnieren.

WEIßE-BOHNEN-SUPPE
MIT *Brokkoli* UND MANDELN

FÜR 4 PERSONEN

VORBEREITUNG: 10 Min.
GARZEIT: 25 Min.

- 350 g Brokkoli
- 2 Karotten
- 250 g Cannellini- oder weiße Bohnen (Abtropfgewicht) aus der Dose
- 2 Knoblauchzehen
- 1 Würfel Bio-Gemüsebrühe
- 40 g Mandelblättchen
- Olivenöl
- Salz, Pfeffer

Den Brokkoli waschen und in Röschen teilen. Die Karotten schälen und in Scheiben schneiden. Die Bohnen abspülen und abtropfen lassen. Knoblauch hacken.

In einem großen Topf den Brokkoli mit etwas Öl und dem gehackten Knoblauch anbraten. Sobald die Röschen Farbe annehmen, 750 ml Wasser zugießen. Brühwürfel und Karotten hinzufügen und 20 Minuten köcheln lassen.

Die Bohnen zugeben und weitere 5 Minuten mitgaren. Salzen, pfeffern, mit Mandelblättchen bestreuen und servieren.

GRÜNE *Linsensuppe* MIT *Zucchini* UND PARMESAN-BAGUETTE

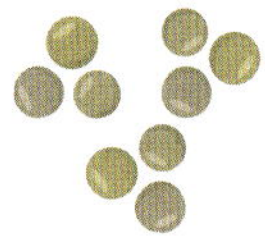

FÜR 4 PERSONEN

VORBEREITUNG: 10 Min.
GARZEIT: 20 Min.

- 175 g grüne Linsen
- 2 Zucchini
- 1 Würfel Bio-Gemüsebrühe
- 3 Knoblauchzehen
- 2 Lorbeerblätter
- Baguette in Scheiben
- 30 g geriebener Parmesan
- 1 TL gemahlener Kreuzkümmel
- Salz, Pfeffer

Die Linsen abspülen. Die Zucchini in Stücke schneiden.

700 ml Wasser mit dem Brühwürfel in einem Topf zum Kochen bringen. Zucchini und Linsen hineingeben, 2 abgezogene Knoblauchzehen und Lorbeerblätter hinzufügen und alles 20 Minuten bei schwacher Hitze kochen lassen.

In der Zwischenzeit den Backofen auf 220 °C vorheizen. Die Baguettescheiben mit dem restlichen Knoblauch einreiben und mit Parmesan bestreuen. 10 Minuten in den Ofen schieben.

200 ml Brühe aus dem Topf abgießen (und aufbewahren). Lorbeerblätter herausfischen. Die Suppe im Mixer glatt pürieren. Wenn sie zu dick ist, etwas von der aufgefangenen Brühe zugießen.

Kreuzkümmel und Pfeffer hinzufügen und die Suppe mit Salz abschmecken. Mit den gratinierten Baguettescheiben servieren.

KICHERERBSENSUPPE MIT *Merguez-Spießchen*

FÜR 4 PERSONEN

VORBEREITUNG: 10 Min.
GARZEIT: 20 Min.

- 200 g Kichererbsen (Abtropfgewicht) aus der Dose
- 1 weiße Zwiebel
- 2 Knoblauchzehen
- 2 frische Tomaten
- 200 g Passata di pomodoro (passierte Tomaten)
- 1 Würfel Hühnerbrühe
- 1 EL Tomatenmark
- 4 Merguez
- frischer Koriander
- Olivenöl

Die Kichererbsen abspülen und abtropfen lassen. Die Zwiebel fein würfeln und den Knoblauch hacken.

Zwiebeln und Kichererbsen mit etwas Öl bei schwacher Hitze anbraten.

Die Tomaten 2 Minuten in kochendes Wasser tauchen, dann abkühlen lassen, häuten und in Stücke schneiden.

Tomatenstücke, passierte Tomaten und Knoblauch zu den Kichererbsen geben. Umrühren, dann 500 ml lauwarmes Wasser zugießen. Brühwürfel und Tomatenmark hinzufügen. 20 Minuten bei schwacher Hitze köcheln lassen.

In der Zwischenzeit die Merguez braten, in Stücke schneiden und auf kleine Spieße stecken.

Die Suppe in Schalen füllen und mit gehacktem Koriander bestreuen. Die Spieße separat anrichten.

ZUCCHINITOPF MIT *Kichererbsen* UND KURKUMA-COUSCOUS

FÜR 4 PERSONEN

VORBEREITUNG: 10 Min.
GARZEIT: 20 Min.

- 400 g Kichererbsen (Abtropfgewicht) aus der Dose
- 2 Zucchini
- 1 Stange Sellerie
- 1 Zwiebel
- einige Stängel Petersilie
- 200 g Passata di pomodoro (passierte Tomaten)
- 1 TL Kurkuma + mehr für den Couscous
- 1 TL gemahlener Ingwer
- 150 g Couscous
- Olivenöl
- Salz, Pfeffer

Die Kichererbsen abspülen und abtropfen lassen. Zucchini, Sellerie und Zwiebel in Stücke schneiden. Die Petersilie hacken.

Die Zwiebel in einer Pfanne mit Öl anbraten, dann die Zucchini dazugeben. Sobald die Zucchini zu bräunen beginnen, Sellerie, Kichererbsen, passierte Tomaten und die Gewürze hinzufügen. Zudecken und 15 Minuten bei schwacher Hitze köcheln lassen.

In der Zwischenzeit 200 ml Wasser zum Kochen bringen. Kurkuma und Salz dazugeben. Den Couscous in eine Schüssel geben und mit dem kochenden Wasser übergießen. Nicht umrühren. Mit einem Teller oder Frischhaltefolie bedecken und 5 Minuten quellen lassen. 1 EL Öl hinzufügen und mit einer Gabel auflockern. Mit Salz und Pfeffer würzen.

Gemüsemischung auf dem Couscous anrichten. Mit Petersilie bestreuen.

SHAKSHUKA
MIT *weißen Bohnen*

FÜR 4 PERSONEN

VORBEREITUNG: 10 Min.
GARZEIT: 20 Min.

- 200 g weiße Bohnen (Abtropfgewicht) aus der Dose
- 2 rote Paprikaschoten
- 4 Knoblauchzehen
- 2 EL Tomatenmark
- 200 g gehackte Tomaten aus der Dose
- 1 EL Paprikapulver
- 1 TL gemahlener Kreuzkümmel
- 4 Eier
- 80 g Emmentaler, gerieben
- 2 EL Olivenöl
- 30 g Pinienkerne
- 8–10 Blätter Minze
- Salz

Die weißen Bohnen abspülen und abtropfen lassen. Die Paprika entkernen und in feine Streifen schneiden.

Die Paprikastreifen in einer großen Pfanne bei geringer Hitze im Öl anbraten, bis sie etwas weicher werden. Knoblauchzehen hacken.

Das Tomatenmark mit 100 ml Wasser verdünnen und zu den Paprikastreifen in die Pfanne geben. Gehackte Tomaten, gehackten Knoblauch, Paprikapulver, Kreuzkümmel und Salz zugeben, dann die Bohnen zufügen und umrühren. 10 Minuten bei schwacher Hitze kochen lassen.

4 kleine Vertiefungen eindrücken und die Eier vorsichtig hineinschlagen. Jedes Ei mit Käse bestreuen und so weiter garen, bis das Eiweiß fest ist. Minze hacken.

Mit Pinienkernen und gehackter Minze bestreuen. Dazu passt knuspriges Brot.

BURGER AUS *schwarzen Bohnen*

FÜR 4 PERSONEN

VORBEREITUNG: 15 Min.
GARZEIT: 20 Min.

- 400 g schwarze Bohnen oder Kidneybohnen (Abtropfgewicht) aus der Dose
- 2 Frühlingszwiebeln
- 1 Karotte
- 1 rote Paprikaschote, entkernt
- 4 Stängel Petersilie
- 45 g Haferflocken
- 1 EL Tomatenmark
- 1 TL Knoblauchpulver
- 1 TL gemahlener Kreuzkümmel
- 1 Ei
- Olivenöl
- Salz, Pfeffer

DIE BURGER ANRICHTEN

- 4 Brötchen
- selbst gemachter Ketchup (Rezept auf Seite 90)
- Sesam
- Rucola
- Gewürzgurken in Scheiben
- Radieschen
- 8 Kirschtomaten
- geriebener Comté

Die Bohnen abspülen und abtropfen lassen. Die Frühlingszwiebeln vierteln, die Karotte schälen und die Paprika in Streifen schneiden. Die Blätter der Petersilie abzupfen.

Die Haferflocken im Mixer zu einem Pulver zerkleinern. Beiseite stellen.

Karotte, Paprika, Tomatenmark und Petersilie im Mixer pürieren. Beiseite stellen. Die Bohnen mit Knoblauchpulver und Kreuzkümmel pürieren. Alle gemixten Zutaten mit dem Ei verkneten. Mit feuchten Händen aus der Masse 4 Patties formen.

Das Öl in einer Pfanne erhitzen und die Patties 8–10 Minuten braten, dabei nach der Hälfte der Zeit vorsichtig wenden. Salzen und pfeffern.

Die Brötchen in der Mitte durchschneiden und die Schnittflächen rösten.

Die Unterteile mit 1 TL Ketchup bestreichen und mit Sesam bestreuen. Rucola, Gewürzgurken- und Radieschenscheiben auflegen. Auf jedes Brötchen 2 geviertelte Kirschtomaten legen.

Die warmen Bohnenburger darauf legen und mit geriebenem Comté bestreuen. Mit den Brötchenoberteilen bedecken.

BURGER AUS *weißen Bohnen*

FÜR 4 PERSONEN

VORBEREITUNG: 10 Min.
GARZEIT: 20 Min.

- 400 g weiße Bohnen (Abtropfgewicht) aus der Dose
- 1 Zwiebel
- 1 Knoblauchzehe
- 20 g Speisestärke aus Mais
- 20 g Semmelbrösel
- 1 EL pürierte Ölsaaten (Mandeln oder Erdnüsse)
- 1 EL Räucherpaprika
- 1 EL Kräuter der Provence
- Olivenöl
- Salz, Pfeffer

DIE BURGER ANRICHTEN

- 4 Brötchen
- klassische Mayonnaise oder Mayonnaise mit Aquafaba (Rezept Seite 27)
- 1 Bio-Limette
- Eisbergsalat
- 1 gekochte Rote Bete
- 4 Scheiben Cheddar-Käse

Die weißen Bohnen abspülen und abtropfen lassen. Die Zwiebel würfeln und in einer Pfanne mit etwas Öl anbraten.

In der Zwischenzeit Bohnen, gepressten Knoblauch, die mit 4 EL Wasser angerührte Speisestärke, Semmelbrösel, pürierte Ölsaaten und Paprikapulver im Mixer pürieren. Zwiebeln und Kräuter zugeben und erneut mixen. Mit Salz und Pfeffer würzen.

Mit feuchten Händen aus der Masse 4 Patties formen.

Eine Pfanne mit Öl erhitzen und die Patties 10 Minuten braten, dabei nach der Hälfte der Zeit vorsichtig wenden.

Die Rote Bete in dünne Scheiben schneiden.

Die Brötchen in der Mitte durchschneiden und die Schnittflächen rösten.

Die Schnittflächen mit Mayonnaise bestreichen und Limettenschale darüber reiben. Die Unterteile mit warmen Bohnenpatties belegen, dann Cheddar, Rote-Bete-Scheiben und Salatblätter darauf legen. Mit den Brötchenoberteilen bedecken.

BURGER AUS SCHWARZEN BOHNEN

BURGER AUS WEIẞEN BOHNEN

RINDERCHILI MIT Flageolet-Bohnen

FÜR 4 PERSONEN

VORBEREITUNG: 10 Min.
GARZEIT: 25 Min.

- 2 Knoblauchzehen
- 1 Zwiebel
- 400 g Rinderhackfleisch
- 400 g Flageolet-Bohnen (Abtropfgewicht) aus der Dose
- 1 EL Kreuzkümmelsamen
- 1 EL Paprikapulver
- 1 EL getrockneter Oregano
- 1 Messerspitze Cayennepfeffer
- 300 g Passata di pomodoro (passierte Tomaten)
- Olivenöl
- Petersilie oder Koriander
- Salz

Den Knoblauch hacken, die Zwiebel in feine Streifen schneiden. Zwiebeln mit etwas Olivenöl in einer Pfanne goldbraun anbraten. Das Hackfleisch dazugeben und 2–3 Minuten mitbraten, dann den gehackten Knoblauch hinzufügen.

Bohnen, Kreuzkümmel, Paprika, Oregano und Cayennepfeffer hinzufügen und salzen. Die passierten Tomaten dazugeben und abschmecken.

Zugedeckt bei sehr geringer Hitze 20 Minuten köcheln lassen und etwas Wasser hinzufügen, wenn die Soße zu dickflüssig ist. Mit Petersilie oder Koriander bestreut servieren.

FISCHFILET MIT *Linsen* UND SPARGEL

FÜR 4 PERSONEN

VORBEREITUNG: 10 Min.
GARZEIT: 20 Min.

- 150 g grüne Linsen
- 1 Würfel Bio-Gemüsebrühe
- 10 Stangen grüner Spargel
- 1 Zucchini
- 1 Knoblauchzehe
- 3 EL Mehl
- 1 EL gemahlener Koriander
- ½ TL gemahlener Pfeffer
- 500 g weißfleischiges Fischfilet (Kabeljau oder Seehecht)
- etwas Butter
- Salz

Die Linsen abspülen. In einem Topf in der dreifachen Menge Wasser und mit dem Brühwürfel 20 Minuten kochen.

Die Spargelstangen waschen, die holzigen Enden abschneiden. Die Zucchini (ungeschält) in kleine Würfel schneiden.

Spargel, Zucchini und die gehackte Knoblauchzehe nach 12 Minuten Kochzeit in den Topf zu den Linsen geben.

In der Zwischenzeit das Mehl in einem Teller mit Koriander und Pfeffer mischen. Die Fischfilets salzen, dann in dem gewürzten Mehl wenden. In einer Pfanne mit etwas Butter auf jeder Seite 2–3 Minuten goldbraun braten.

Den Fisch auf einem Bett aus Linsen und Gemüse servieren.

GEFÜLLTE PAPRIKA

MIT *Ricotta*, THUNFISCH UND BOHNEN

FÜR 4 PERSONEN

VORBEREITUNG: 10 Min.
GARZEIT: 20 Min.

- 100 g Kidneybohnen oder weiße Bohnen (Abtropfgewicht) aus der Dose
- 6 Paprikaschoten
- 6 Blätter Basilikum
- 100 g Thunfisch in Olivenöl
- 125 g Ricotta
- 40 g geriebener Parmesan
- Pfeffer

Den Backofen auf 200 °C vorheizen. Die Bohnen abspülen und abtropfen lassen. Die Paprikaschoten halbieren, dabei die weißen Teile und Kerne entfernen. Das Basilikum hacken. Den Thunfisch abtropfen lassen und das Öl beiseite stellen.

Den Thunfisch mit einer Gabel zusammen mit dem Ricotta zerdrücken. Bohnen, Basilikum und Parmesan zugeben. Mit Pfeffer würzen und 1 EL Öl vom Thunfisch untermischen.

Die Paprikaschoten in eine ofenfeste Form legen und mit der Thunfischmasse füllen. Mit dem restlichen Öl beträufeln und 20 Minuten im Ofen backen.

LINGUINE MIT Parmesancreme, BELUGA-LINSEN UND Räucherlachs

FÜR 4 PERSONEN

VORBEREITUNG: 10 Min.
GARZEIT: 20 Min.

- 100 g Beluga-Linsen (oder grüne Linsen)
- 1 Würfel Bio-Gemüsebrühe
- 20 Kirschtomaten
- 1 Knoblauchzehe
- 300 g Vollkorn-Linguine
- 150 g Räucherlachs
- Olivenöl
- Salz

FÜR DIE PARMESANCREME

- 1 Bio-Zitrone
- 300 ml Crème fraîche
- 40 g geriebener Parmesan
- Pfeffer

Die Linsen abspülen und in einem großen Topf mit der dreifachen Menge Wasser und dem Brühwürfel 20 Minuten kochen.

In der Zwischenzeit die Kirschtomaten halbieren und mit der Schnittfläche nach unten in eine Pfanne mit etwas Öl geben. Mit dem gehackten Knoblauch bestreuen und 10 Minuten bei geringer Hitze garen.

Für die Parmesancreme Schale der Zitrone abreiben. Die Crème fraîche mit der abgeriebenen Zitronenschale in einen Topf geben, pfeffern und 5 Minuten bei schwacher Hitze köcheln lassen. Den Parmesan am Ende der Kochzeit unter Rühren hinzufügen. Die Linguine in reichlich kochendem Salzwasser mit etwas Öl ca. 10 Minuten garen.

Den Räucherlachs in dünne Streifen schneiden. Die Linsen mit den Linguine mischen und auf Tellern verteilen. Mit Kirschtomaten und Räucherlachs dekorieren und mit der Parmesancreme beträufeln.

TIPP: Wer sich vegetarisch ernährt, kann den Räucherlachs einfach weglassen.

ERBSENPASTETE MIT *Chorizo*

FÜR 4 PERSONEN

VORBEREITUNG: 5 Min.
GARZEIT: 30–35 Min.

- 250 g junge Erbsen, frisch oder TK
- 1 Würfel Geflügelbrühe (bei Bedarf)
- 80 g Chorizo
- 3 Eier
- 200 ml flüssige Sahne
- 1 Knoblauchzehe
- 1 EL Speisestärke
- 30 g geriebener Parmesan

Den Backofen auf 180 °C vorheizen. Tiefgefrorene Erbsen in einen Topf mit heißem Wasser geben und nach dem Aufkochen herausnehmen, frische Erbsen 5 Minuten in kochendem Wasser mit dem Brühwürfel garen. Anschließend abgießen und abtropfen lassen.

Die Chorizo in kleine Würfel schneiden. Die Eier mit der Sahne und dem gehackten Knoblauch verquirlen. Speisestärke und Parmesan hinzufügen und mit dem Schneebesen verrühren.

Die Mischung in eine gefettete Kastenform (28 × 11 cm) geben, die Erbsen darauf füllen und die Chorizowürfel darauf verteilen. 25–30 Minuten in den Ofen schieben. Heiß servieren. Dazu schmeckt Feldsalat oder Rucola.

RINDERHACK MIT *Ackerbohnen* UND SPINAT

FÜR 4 PERSONEN

VORBEREITUNG: 5 Min.
GARZEIT: 20 Min.

- 300 g Ackerbohnen (TK)
- 1 Würfel Bio-Gemüsebrühe
- 1 Zwiebel
- 400 g Rinderhackfleisch
- 1 Knoblauchzehe
- 1 TL gemahlener Kreuzkümmel
- ½ TL gemahlener Zimt
- 300 g gehackter Spinat (TK)
- 3 Stängel Koriander
- 40 g Pinienkerne
- Olivenöl
- Salz

Die Bohnen in einem Topf mit etwas Wasser und dem Brühwürfel 3–5 Minuten garen. Zwiebel hacken.

Die gehackte Zwiebel in einer Pfanne mit Öl anbraten. Das Hackfleisch dazugeben. Sobald das Fleisch anfängt zu bräunen, zerdrückten Knoblauch, Kreuzkümmel und Zimt hinzufügen. Umrühren, den Spinat zugeben und 10–15 Minuten bei niedriger Hitze köcheln lassen.

Die Ackerbohnen und ihre Garflüssigkeit hinzufügen, alles vom Herd nehmen, umrühren und mit Salz abschmecken.

Mit gehacktem Koriander und Pinienkernen bestreuen und servieren.

HÄHNCHENBRUST MIT *Artischockenböden* UND PIKANTEN KICHERERBSEN

FÜR 4 PERSONEN

VORBEREITUNG: 10 Min.
GARZEIT: 25 Min.

- 300 g Hähnchenbrustfilet
- 4 Artischockenböden aus der Dose
- 1 EL Honig
- 1 EL Senf
- 250 ml Hühnerbrühe
- 15–20 grüne Oliven ohne Stein
- 150 g Kichererbsen (Abtropfgewicht) aus der Dose
- 1 TL Paprikapulver
- 1 Prise Chilipulver
- Olivenöl
- Salz, Pfeffer

Die Hähnchenbrustfilets 2–3 Minuten in einem Topf mit Öl goldbraun anbraten. Mit Salz und Pfeffer würzen. Beiseite stellen.

Die Artischockenböden halbieren und 2 Minuten in der Pfanne braten, dann mit Honig und 1 EL Wasser ablöschen. Umrühren, den Senf hinzufügen und mit der Brühe aufgießen. Zugedeckt 15 Minuten köcheln lassen.

Oliven und Hähnchenfleisch hinzufügen und 5 Minuten mitgaren.

In der Zwischenzeit die Kichererbsen abgießen, abspülen und mit Küchenpapier abtrocknen. In einer Schüssel mit 1 EL Öl, Paprikapulver und Chilipulver gut vermischen.

Eine Pfanne mit Öl erhitzen und die Kichererbsen darin goldbraun braten. Am Ende der Garzeit salzen.

Die Hähnchenbrustfilets mit den Artischocken und den Oliven servieren und die Kichererbsen darüber verteilen.

PUTENCURRY

MIT *Kidneybohnen*

FÜR 4 PERSONEN

VORBEREITUNG: 5 Min.
GARZEIT: 20 Min.

- 250 g Langkornreis
- 2 Lauchstangen (nur der weiße Teil)
- 8 Champignons
- 250 g Putenbrust
- 200 g Kidneybohnen (Abtropfgewicht) aus der Dose
- 1 EL Currypaste
- 1 EL Tomatenmark
- 3 EL Sonnenblumenöl
- Salz

Den Reis abspülen und in einem Topf mit 1 EL Öl anbraten. Lauwarmes Salzwasser darüber gießen (2 cm über dem Reis), zum Kochen bringen, die Hitze reduzieren und 10 Minuten bei schwacher Hitze kochen lassen.

In der Zwischenzeit den Lauch der Länge nach vierteln und in 5–8 cm lange Stücke schneiden. Die Champignons vierteln. Die Putenbrust in Streifen schneiden. Die Kidneybohnen abtropfen lassen, ohne sie abzuspülen.

1 EL Öl in einer Pfanne erhitzen und die Currypaste kurz anbraten. Das Putenfleisch zugeben. Lauch und Champignons mit dem restlichen Öl hinzufügen und 5 Minuten goldbraun braten.

Die Bohnen und das Tomatenmark zugeben. 200 ml Wasser angießen, zudecken und 5 Minuten bei schwacher Hitze köcheln lassen. Mit dem Reis servieren.

EXTRA FÜR *Kinder*

WRAPS MIT *Bohnenpüree*, AVOCADO, TOMATEN UND CHEDDAR

FÜR 4 PERSONEN

VORBEREITUNG: 15 Min.
GARZEIT: 5 Min.

- 4 Tortillas
- 2 Avocados
- 16–20 Kirschtomaten
- 4 Blätter knackiger Kopfsalat
- 120 g geriebener Cheddar-Käse

FÜR DAS BOHNENPÜREE

- 200 g Kidneybohnen (Abtropfgewicht) aus der Dose
- 125 g Naturjoghurt
- 1 EL Balsamicoessig
- 1 TL Knoblauchpulver
- 1 TL Paprikapulver

Für das Bohnenpüree die Bohnen abspülen und abtropfen lassen. Mit einer Gabel grob zerdrücken und mit dem Joghurt und dem Balsamicoessig verrühren. Anschließend das Knoblauchpulver und das Paprikapulver unterrühren.

Avocado in Scheiben schneiden, Kirschtomaten vierteln, Salatblätter putzen und in Stücke reißen oder schneiden. Avocadoscheiben, Tomaten, Salat und geriebenen Cheddar in 4 separate Schälchen geben.

Die Tortillas in einer Pfanne einige Minuten erhitzen, dann mit dem Bohnenpüree bestreichen. Nun dürfen alle am Tisch ihren Wrap selbst belegen und aufwickeln.

TIPP: Als zusätzlichen Belag können Sie Streifen von gebratenem Hähnchenfleisch anbieten.

ERBSENPÜREE MIT *Kürbis*

FÜR 4 PERSONEN

VORBEREITUNG: 10 Min.
EINWEICHZEIT: 2 Std.
GARZEIT: 30 Min.

- 250 g getrocknete Spalterbsen
- 1 Knoblauchzehe
- 1 Würfel Hühnerbrühe
- 400 g Kürbis
- Muskatnuss
- 2 EL Crème fraîche
- Olivenöl

Die Spalterbsen 2 Stunden in kaltem Wasser einweichen, dann abspülen und das Wasser wegschütten.

Den Backofen auf 200 °C vorheizen.

Die Spalterbsen mit der geschälten Knoblauchzehe und dem Brühwürfel in einen Topf geben und mit der dreifachen Menge Wasser bedecken. 30 Minuten kochen lassen.

In der Zwischenzeit den Kürbis schälen und in große Würfel schneiden. Die Stücke in eine ofenfeste Form legen und mit Öl beträufeln. Die Muskatnuss darüber reiben und 100 ml Wasser in die Form gießen. 20 Minuten im Backofen garen.

Die Erbsen abtropfen lassen und mit dem gebackenen Kürbis und der Cème fraîche im Mixer pürieren. Abschmecken und warm servieren.

TIPP: Dieses Rezept eignet sich für die ganze Familie, auch für Kleinkinder ab acht Monaten.

KICHERERBSEN-*Fritten*

Für 4 Personen

VORBEREITUNG: 10 Min.
KÜHLZEIT: 1 Std.
GARZEIT: 10 Min.

- 250 g Kichererbsenmehl
- 1 EL getrockneter Thymian
- 50 ml Olivenöl
- Öl zum Frittieren
- Salz, Pfeffer

Kichererbsenmehl in eine hitzebeständige Schüssel geben. 750 ml Wasser zum Kochen bringen und mit einer Prise Salz würzen. Zum Kichererbsenmehl gießen, den Thymian dazugeben und mit dem Schneebesen verrühren. Die Mischung mit dem Olivenöl in einen Topf geben und 5 Minuten kochen. Gut durchrühren und erneut mit 1 TL Salz salzen.

Die Masse 1 cm dick in eine flache Schale geben. Mit Frischhaltefolie abdecken und mit der Hand glatt streichen. Abkühlen lassen, dann 1 Stunde in den Kühlschrank stellen.

Aus der abgekühlten Masse Stäbchen ausschneiden.

Das Frittieröl in einem Topf oder einer Fritteuse erhitzen und die Stäbchen darin goldbraun frittieren.

Auf Küchenpapier abtropfen lassen und pfeffern. Mit Ketchup servieren.

SELBST GEMACHTER *Ketchup*

Für 4 Personen

VORBEREITUNG: 5 MIN.
GARZEIT: 7 MIN.

- 1 Schalotte
- 200 g Passata di pomodoro (passierte Tomaten)
- 70 g Tomatenmark
- 2 EL Agavendicksaft
- 2 EL Weinessig
- 1 EL Sonnenblumenöl
- Salz, Pfeffer

Schalotte würfeln und in einem Topf mit etwas Öl 2 Minuten anbraten. Passierte Tomaten und Tomatenmark, Agavendicksaft und Essig zugeben. 5 Minuten köcheln lassen.

Vom Herd nehmen und abkühlen lassen.

Der Ketchup kann in einem verschlossenen Gefäß etwa 1 Woche im Kühlschrank aufbewahrt werden.

DREIERLEI BOHNEN IN *Tomatensoße*

FÜR 4 PERSONEN

VORBEREITUNG: 10 Min.
EINWEICHZEIT: 12 Std.
GARZEIT: 1 Std. 25 Min.

- 50 g getrocknete weiße Bohnen
- 50 g getrocknete Flageolet-Bohnen
- 1 Würfel Bio-Gemüsebrühe
- 300 g grüne Bohnen (frisch, TK oder Konserve)
- 1 Schalotte
- 2 Knoblauchzehen
- 500 g Passata di pomodoro (passierte Tomaten)
- 1 TL Paprikapulver
- 2 Lorbeerblätter
- 1 EL Balsamicoessig
- 2 Stängel Basilikum
- Olivenöl
- Salz

Am Vortag die weißen Bohnen und die Flageolet-Bohnen in kaltem Wasser einweichen.

Bohnen abtropfen lassen und abspülen. Zusammen 1 Stunde in einem Topf mit Wasser und dem Brühwürfel kochen.

In der Zwischenzeit frische grüne Bohnen putzen und 10 Minuten im Dampf garen.

Schalotte würfeln und Knoblauch hacken.

Die gewürfelte Schalotte in einer großen Pfanne mit etwas Öl anbraten. Die grünen Bohnen zufügen und gut anbräunen. Den gehackten Knoblauch unterrühren. Weiße und Flageolet-Bohnen sowie passierte Tomaten, Paprikapulver und Lorbeerblätter hinzufügen. Salzen und 25 Minuten bei schwacher Hitze köcheln lassen.

Am Ende der Garzeit den Essig und die abgezupften Basilikumblätter hinzufügen. Zu Langkornreis servieren.

TIPP: Sie können auch weiße Bohnen und Flageolets aus der Dose verwenden (jeweils 150 g). Wer möchte, reichert das Gericht mit 200 g Hackfleisch an, das 5 Minuten in einer Pfanne mit Öl angebraten wurde.

LINSEN MIT *Kartoffelhaube*

FÜR 4 PERSONEN

VORBEREITUNG: 20 Min.
GARZEIT: 30 Min.

- 120 g grüne Linsen
- 300 g Kartoffeln
- 300 g gelbfleischige Süßkartoffeln
- 1 Zwiebel
- 1 Würfel Bio-Gemüsebrühe
- 150 g Speckwürfel
- 20 g Butter
- 50 ml Milch
- 1 EL gehackte Petersilie
- 50 g geriebener Emmentaler
- Salz, Pfeffer

Die Linsen abspülen. Kartoffeln und Süßkartoffeln schälen und vierteln. Die Zwiebel in feine Ringe schneiden.

Die Linsen 20 Minuten in einem Topf mit der dreifachen Menge Wasser und dem Brühwürfel kochen.

In der Zwischenzeit in einem anderen Topf die Kartoffeln und Süßkartoffeln 20 Minuten in kochendem Salzwasser garen.

Die Zwiebel mit den Speckwürfeln in einer Pfanne goldbraun anbraten, dann vom Herd nehmen.

Den Backofen auf 220 °C vorheizen. Die Linsen abtropfen lassen und mit den Speckwürfeln mischen. In eine ofenfeste Form geben.

Kartoffeln und Süßkartoffeln mit einer Gabel oder einem Kartoffelstampfer zerdrücken, dabei Butter, Milch und Petersilie untermischen. Mit Pfeffer würzen. Das Püree auf den Linsen verteilen, mit Emmentaler bestreuen und 10 Minuten im Ofen backen, bis die Oberseite goldbraun ist. Mit einem knackigen grünen Salat servieren.

TIPP: Für eine vegetarische Variante den Speck durch die gleiche Menge Räuchertofu ersetzen.

LINSEN-THUNFISCH-BÄLLCHEN MIT *Zitronendip*

FÜR 4 PERSONEN

VORBEREITUNG: 10 Min.
GARZEIT: 25 Min.

- 120 g rote Linsen
- 1 Würfel Bio-Gemüsebrühe
- 35 g Vollkornmehl
- 1 TL Knoblauchpulver
- 100 g Thunfisch in Öl
- ½ Bio-Zitrone
- Salz, Pfeffer

FÜR DEN ZITRONENDIP

- 125 ml flüssige Sahne
- 2 EL Zitronensaft
- 1 TL Honig
- Schnittlauch

Den Backofen auf 180 °C vorheizen. Die Linsen abspülen und in einem Topf mit der doppelten Menge Wasser und dem Brühwürfel 10 Minuten kochen. Anschließend abgießen und abtropfen lassen.

Von der Zitrone die Schale abreiben, Thunfisch abtropfen lassen.

Das Mehl in einer Schüssel mit dem Knoblauchpulver und einer Prise Salz vermischen. Die Linsen und den abgetropften Thunfisch dazugeben, pfeffern und die abgeriebene Zitronenschale untermischen. Die Mischung mit dem Mixer pürieren.

Aus der Masse mit angefeuchteten Händen Bällchen mit 3–4 cm Durchmesser formen. In eine leicht eingeölte ofenfeste Form legen und 12–15 Minuten im Ofen backen. Nach der Hälfte der Zeit wenden.

In der Zwischenzeit alle Zutaten für den Zitronendip in einer Schüssel verquirlen.

Die Bällchen mit dem Dip servieren, beispielsweise auf einem Bett aus Avocadoscheiben. Dazu schmecken Gurken- oder Karottenstifte oder ein Tomatensalat.

NUDELN MIT *Erbsen*, SCHINKEN UND FETA

FÜR 4 PERSONEN

VORBEREITUNG: 5 Min.
GARZEIT: 10 Min.

- 100 g junge Erbsen (frisch oder TK)
- 1 Würfel Hühnerbrühe (bei Bedarf)
- 150 g Hörnchennudeln
- 10 g Butter
- 150 g Kochschinken
- 100 g Feta-Käse
- Salz

Tiefgefrorene Erbsen in einen Topf mit heißem Wasser geben, kurz aufkochen und abgießen. Frische Erbsen 5 Minuten in kochendem Wasser mit dem Brühwürfel garen. Anschließend abgießen und abtropfen lassen.

Die Nudeln in einem Topf mit Salzwasser nach Packungsanweisung garen. Abtropfen lassen und mit der Butter vermengen.

Schinken und Feta in Würfel schneiden und zu den Nudeln geben, dann die Erbsen dazugeben und mischen.

HERBSTGEMÜSE MIT *Mungobohnen* UND HÄHNCHEN

FÜR 4 PERSONEN

VORBEREITUNG: 5 Min.
GARZEIT: 25 Min.

- 80 g Mungobohnen
- 400 g Kürbis
- 4 Champignons
- 1 Brokkoli
- 300 g Hähnchenbrustfilet
- 15 g Butter
- 1 Würfel Bio-Gemüsebrühe
- 1 TL Kurkuma
- Muskatnuss

Die Mungobohnen abspülen und (ohne Einweichen) 25 Minuten in einem Topf mit der dreifachen Menge Wasser kochen.

In der Zwischenzeit den Kürbis schälen und in Würfel schneiden. Die Champignons vierteln und den Brokkoli in Röschen zerteilen. Das Hähnchenfleisch in Würfel schneiden.

Die Butter in einer großen Pfanne oder einem Wok zerlassen. Den Kürbis hinzufügen. Sobald er zu bräunen beginnt, Champignons und Brokkoli zugeben. Mit Wasser bedecken und den Brühwürfel hinzufügen. Zum Kochen bringen, dann 10 Minuten abgedeckt bei schwacher Hitze köcheln lassen.

Hähnchenfleisch, Kurkuma und geriebene Muskatnuss zugeben. 10 Minuten bei schwacher Hitze weiterkochen.

Die Mungobohnen am Ende der Garzeit zugeben und umrühren.

102

Eintöpfe

SOUPE AU *pistou*

FÜR 4 PERSONEN

VORBEREITUNG:20 Min.
GARZEIT: 50 Min.

- 200 g frische weiße Bohnen
- 200 g frische rote Bohnen
- 200 g grüne Bohnen
- 1 Kartoffel
- 1 Zucchini
- 1 Zwiebel
- 50 g kleine Nudeln (z. B. Muscheln)
- Salz

FÜR DAS PISTOU

- 2 Tomaten
- 1 Bund Basilikum
- 4 Knoblauchzehen
- ½ TL Salz
- 3 EL Olivenöl

Die roten und weißen Bohnen palen, die grünen Bohnen abspülen und putzen. Die Kartoffel schälen. Kartoffel und Zucchini in kleine Würfel schneiden. Die Zwiebel in dünne Ringe schneiden.

Alle Bohnen in einen Topf geben. 1 l Wasser zufügen, zum Kochen bringen und 20 Minuten kochen lassen. Kartoffel- und Zucchiniwürfel sowie die Zwiebel zugeben und weitere 20 Minuten kochen lassen, bis sie weich sind. Am Ende der Garzeit salzen.

In der Zwischenzeit das Pistou zubereiten. Dafür die Tomaten 2 Minuten in kochendes Wasser tauchen, dann etwas abkühlen lassen und häuten. Basilikum abzupfen und waschen. Basilikum und abgezogenen Knoblauch mit dem Salz pürieren. Nach und nach unter Rühren das Öl zugießen und die zerkleinerten Tomaten zugeben.

Das Pistou in die Suppe geben und die Nudeln hinzufügen. 8–10 Minuten köcheln lassen, dann servieren.

DAL

MIT *Spalterbsen* UND MANDELN

FÜR 4 PERSONEN

VORBEREITUNG: 15 Min.
EINWEICHZEIT: 2 Std.
GARZEIT: 1 Std.

- 300 g getrocknete Spalterbsen
- 2 Karotten
- 1 gelbe Zwiebel
- 1 Knoblauchzehe
- 1 EL gemahlener Koriander
- 1 EL gemahlener Ingwer
- 250 ml Kokosmilch
- 3 EL Curry
- 1 Stück frischer oder getrockneter Galgant (nach Belieben)
- 1 Frühlingszwiebel
- 30–40 g Mandelblättchen
- Olivenöl

Die Spalterbsen 2 Stunden in kaltem Wasser einweichen, dann abspülen und das Wasser wegschütten.

Die Karotten schälen und in sehr dünne Scheiben schneiden.

Die gewürfelte Zwiebel in einem Topf mit etwas Öl anbraten. Karotten, abgezogenen Knoblauch und die Gewürze dazugeben. Einige Minuten lang umrühren. Die Spalterbsen hineingeben und mit Wasser bedecken. Nach Belieben den Galgant in Stücken hinzufügen. Zum Kochen bringen, dann die Hitze reduzieren und 45 Minuten bei schwacher Hitze köcheln lassen.

Sobald die Erbsen gar sind, die Kokosmilch zugießen, die gehackte Frühlingszwiebel und die Mandelblättchen zugeben. Weitere 2–3 Minuten bei schwacher Hitze köcheln lassen.

TIPP: Sie können dazu Basmatireis servieren, der mit gehacktem Koriander bestreut ist.

SPALTERBSEN MIT *Räuchertofu*

FÜR 4 PERSONEN

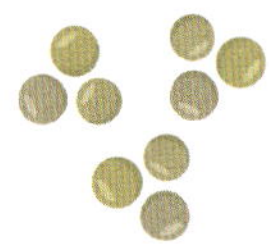

VORBEREITUNG: 15 Min.
EINWEICHZEIT: 2 Std.
GARZEIT: 1 Std. 10 Min.

- 250 g getrocknete Spalterbsen
- 2 Lauchstangen (nur der weiße Teil)
- 1 weiße Zwiebel
- 1 Bouquet garni
- 2 EL Kürbiskerne
- 150 g Räuchertofu
- 2 EL Senf
- 1 EL Weinessig
- Olivenöl
- Salz, Pfeffer

Die Spalterbsen 2 Stunden in kaltem Wasser einweichen, dann abspülen und das Wasser wegschütten.

Zwiebel hacken, Lauch in Ringe schneiden. Zwiebeln und Lauch in einem Topf mit etwas Öl glasig dünsten. Die Spalterbsen dazugeben und mit Wasser bedecken. Das Bouquet garni hinzufügen und alles 1 Stunde leicht köcheln lassen.

In der Zwischenzeit eine Pfanne mit Öl erhitzen und die Kürbiskerne darin rösten. Die Pfanne gelegentlich rütteln. Den in Streifen geschnittenen Räuchertofu dazugeben und goldbraun braten. 3 Kellen Kochflüssigkeit von den Erbsen zugießen. Salzen, pfeffern und den Senf und den Essig einrühren. Bei schwacher Hitze mindestens 5 Minuten köcheln lassen.

Den Inhalt der Pfanne in den Topf gießen und weitere 10 Minuten köcheln lassen.

TIPP: Mit Szechuanpfeffer bekommt das Gericht einen leicht rauchigen Geschmack. Wer möchte, kann den Tofu durch 200 g Speckwürfel ersetzen.

BRASILIANISCHE *Feijoada*

FÜR 4 PERSONEN

VORBEREITUNG: 30 Min.
EINWEICH-/MARINIERZEIT: 12 Std.
WÄSSERN: 2 Std.
GARZEIT: 3 Std.

- 300 g getrocknete schwarze Bohnen (oder Kidneybohnen)
- 2 Knoblauchzehen
- 3 EL gehackte Petersilie
- 1 EL Weinessig
- 300 g Rippchen vom Schwein
- 300 g gepökelte Schweineschulter
- 1 Zwiebel
- 2 geräucherte Würste
- 4 Lorbeerblätter
- Olivenöl
- Pfeffer

Die Bohnen am Vortag in kaltem Wasser einweichen. Gehackten Knoblauch, Petersilie, Essig und Pfeffer in einer Schüssel verrühren. Die Rippchen hineinlegen und abgedeckt in den Kühlschrank stellen.

Am nächsten Tag die Schweineschulter 2 Stunden in kaltes Wasser legen, um überschüssiges Salz zu entziehen. Das Wasser nach 1 Stunde erneuern.

In der Zwischenzeit die Zwiebel abziehen und würfeln. Die Würstchen 5 Minuten in köchelndes Wasser legen, abtropfen lassen und in dicke Scheiben schneiden.

Die gewürfelte Zwiebel mit etwas Öl in einem großen Topf anbraten. Die Schweineschulter zugeben und bei starker Hitze anbraten. Die Würstchen und die marinierten Rippchen dazugeben. Die abgetropften Bohnen und die Lorbeerblätter hinzufügen und mit Wasser bedecken. 1 Stunde köcheln lassen, dann die Würste herausnehmen.

Weitere 1½–2 Stunden köcheln lassen, bis die Bohnen sehr weich sind und sich eine cremige Soße zu bilden beginnt. Falls die Bohnen ansetzen, etwas Wasser nachgießen.

Am Ende der Garzeit die Würstchen wieder in den Topf geben und servieren.

TIPP: Dazu schmeckt gedünsteter Wirsing- oder Weißkohl. Die Kohlblätter in feine Streifen schneiden und in einer Pfanne mit Butter und einer gehackten Knoblauchzehe kurz dünsten.

FISCHTOPF MIT *Garnelen* UND WEIßEN BOHNEN

FÜR 4 PERSONEN

VORBEREITUNG: 15 Min.
GARZEIT: ca. 1 Std.

- 200 g halbtrockene weiße Bohnen
- 400 g Kabeljaufilet
- 2 Lauchstangen
- 1 Schalotte
- 500 g gekochte Garnelen
- 100 ml Weißwein
- 4 Lorbeerblätter
- 1 Knoblauchzehe
- 150 ml flüssige Sahne
- 1 EL Tomatenmark
- 200 g Passata di pomodoro (passierte Tomaten)
- getrockneter Thymian
- Olivenöl, Butter
- Salz, Pfeffer

Die Bohnen palen (halb getrocknete Bohnen müssen nicht eingeweicht werden). Lauch und Schalotte in Ringe schneiden, den Knoblauch pressen. Die Garnelen schälen und die Köpfe zur Seite legen.

Etwas Öl in einem Topf erhitzen und die Garnelenköpfe hineingeben. Die Hälfte des Lauchs und die Schalotte hinzufügen und 5 Minuten bei starker Hitze anbraten. Sobald die Zutaten Farbe annehmen, Weißwein, Lorbeerblätter, Knoblauch, Sahne und Tomatenmark hinzufügen. 15 Minuten bei sehr schwacher Hitze köcheln lassen. Den Topf vom Herd nehmen und die Garnelenköpfe mit einem Stößel zerdrücken. Die Bisque durch ein feines Sieb gießen.

In der Zwischenzeit den restlichen Lauch in einem Schmortopf mit einem Stückchen Butter anbraten. Den Kabeljau hinzufügen und 4–5 Minuten auf jeder Seite goldbraun braten. Beiseite stellen.

Bohnen, passierte Tomaten, Thymian und 300 ml kaltes Wasser in den Schmortopf geben. Die Bisque zugießen und alles abgedeckt 45 Minuten bei schwacher Hitze köcheln lassen.

Garnelen und Fisch 10 Minuten vor Ende der Garzeit zugeben und zudecken. Mit Salz und Pfeffer würzen.

TIPP: Getrocknete weiße Bohnen 4 Stunden einweichen und die Kochzeit um 15 Minuten verlängern. Sie können die halbtrockenen Bohnen durch 600 g Bohnen aus der Dose ersetzen. In diesem Fall die Kochzeit in der Bisque auf 20 Minuten reduzieren und kein Wasser hinzufügen.

LIBANESISCHES *Maghmour*

FÜR 4 PERSONEN

VORBEREITUNG: 30 Min.
GARZEIT: 1½ Std.

- 2 Auberginen
- 1 Zwiebel
- 3 Tomaten
- 250 ml Passata di pomodoro (passierte Tomaten)
- 200 g Kichererbsen (Abtropfgewicht) aus der Dose
- 1 TL gemahlener Zimt
- 1 TL Pfeffer
- Olivenöl
- Salz, Pfeffer

Die Auberginen der Länge nach in 3–5 mm dicke Scheiben schneiden. Mit Öl einpinseln und im Backofen bei 180 °C Umluft 10–15 Minuten garen. Danach 5 Minuten unter dem Grill bei 240 °C backen, dabei den Garvorgang überwachen.

In der Zwischenzeit Zwiebel würfeln und mit etwas Öl in einem Topf goldbraun anbraten. Mit Salz abschmecken.

Die Tomaten 2 Minuten in kochendes Wasser tauchen, dann abkühlen lassen und häuten. In Würfel schneiden, dann in den Topf geben und die passierten Tomaten unterrühren. Kichererbsen, Zimt und Pfeffer dazugeben. Zugedeckt mindestens 30 Minuten bei sehr schwacher Hitze köcheln lassen. Mit Salz abschmecken.

Die Auberginen aus dem Ofen nehmen und den Boden einer Kastenform (28 × 11 cm) damit auslegen. Eine Schicht der Tomaten-Kichererbsen-Mischung darauf verteilen. Abwechselnd weitere Schichten einfüllen. Mit Backpapier abdecken und 45 Minuten bei 150–160 °C Umluft backen.

TIPP: Sie können getrocknete Kichererbsen verwenden, müssen diese aber am Vortag einweichen.

KALBS-TAJINE
MIT *Kichererbsen,* RÜBEN UND PISTAZIEN

FÜR 4 PERSONEN

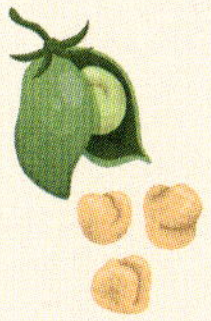

VORBEREITUNG: 15 Min.
EINWEICHZEIT: 12 Std.
GARZEIT: 2½ Std.

- 150 g getrocknete Kichererbsen
- 500 g Schulter, Nacken oder Haxe vom Kalb
- 2 Zwiebeln
- 3 Knoblauchzehen
- 1 TL gemahlener Kreuzkümmel
- 1 TL gemahlene Kurkuma
- 1 TL gemahlener Ingwer
- ½ TL Ras el Hanout
- 2 EL Tomatenmark
- 400 g Mairübchen
- 40 g Pistazienkerne
- 2 EL Olivenöl
- Butter
- Salz, Pfeffer

Die Kichererbsen am Vortag in kaltem Wasser einweichen. Am nächsten Morgen abspülen und das Wasser wegschütten.

Das Kalbfleisch in große Würfel schneiden, die Zwiebeln und den Knoblauch abziehen und würfeln.

Die Fleischstücke salzen und in einem Topf mit Öl und einem Stückchen Butter von allen Seiten anbraten. Zwiebeln und Gewürze dazugeben. Sorgfältig umrühren.

Den gehackten Knoblauch hinzufügen. 500 ml Wasser und das Tomatenmark zugießen. 1 Stunde bei sehr geringer Hitze köcheln lassen.

Die Rübchen schälen, große Rübchen vierteln. Zusammen mit den Kichererbsen in den Topf geben und weitere 1½ Stunden garen.

Die Tajine mit gehackten Pistazien bestreuen und servieren.

LIBANESISCHES MAGHMOUR

KALBS-TAJINE MIT KICHERERBSEN, RÜBEN UND PISTAZIEN

KORSISCHE LINSEN MIT *Pancetta*

FÜR 4 PERSONEN

VORBEREITUNG: 30 Min.
WÄSSERN: 1 Std.
GARZEIT: 1½ Std.

- 2 Zwiebeln
- 2 Knoblauchzehen
- 2 Karotten
- 2 Steckrüben
- 350 g gepökelte Schweinshaxe
- 4 Gewürznelken
- 300 g grüne Linsen
- 1 Bouquet garni
- 200 g korsischer Pancetta in dünnen Scheiben
- Pfeffer

Zwiebeln und Knoblauch abziehen, Karotten und Rüben schälen. Die Karotten in große Stücke schneiden.

Die Schweinshaxe 1 Stunde in kaltes Wasser legen, um überschüssiges Salz zu entziehen.

Die Haxe in einen Topf mit frischem kaltem Wasser legen und zum Kochen bringen. 1 ganze, mit Nelken gespickte Zwiebel, 1 Knoblauchzehe, die Möhrenstücke und ganzen Rüben hinzufügen. 1½ Stunden auf kleiner Flamme köcheln lassen, dabei gelegentlich den Schaum von der Oberfläche abschöpfen.

Etwa 30 Minuten vor Ende der Kochzeit die abgespülten Linsen und das Bouquet garni hinzufügen und auf kleiner Flamme weiterkochen. Nicht salzen.

In der Zwischenzeit 1 gewürfelte Zwiebel, 1 gehackte Knoblauchzehe und den Pancetta in einer Pfanne anbraten. Am Ende der Garzeit zu den Linsen geben. Großzügig pfeffern und servieren.

PALLARES
SOLSONA

REGISTER NACH ZUTATEN

M

N

O

P-Q

R

S

T

W–Z

REGISTER DER REZEPTE

N–O

P–Q

R

S

W–Z

Auch als **E-Book** erhältlich

128 Seiten
D 20,00 €, A 20,95 €
ISBN 978-3-7423-2063-6

Amandine Bernardi

Grandioses Gemüse

Neue Lieblingsgerichte für Tomate, Kartoffel, Zucchini, Karotte und Co.

Mit diesen 100 leckeren Rezepten wird Gemüse der Star in der Küche! Langweilig war gestern: Hier werden 35 Gemüsesorten lecker und abwechslungsreich zubereitet, und das ohne ausgefallene Zutaten oder komplizierte Zubereitungsschritte. Bruschetta mit Tomate und Mozzarella, Shakshuka, knusprige Zucchinipuffer, Auberginenröllchen, Blumenkohlrisotto, Süßkartoffelpommes und viele weitere kreative Rezeptideen - so werden aus den gesunden Vitaminbomben absolute Genussgerichte für Vegetarier, Veganer oder Flexitarier.

Bibliografische Information der Deutschen Nationalbibliothek
Die Deutsche Nationalbibliothek verzeichnet diese Publikation in der Deutschen Nationalbibliografie. Detaillierte bibliografische Daten sind im Internet über https://dnb.de abrufbar.

Für Fragen und Anregungen
info@mvg-verlag.de

Wichtiger Hinweis
Dieses Buch ist für Lernzwecke gedacht. Es stellt keinen Ersatz für eine individuelle medizinische Beratung und Ernährungsberatung und sollte auch nicht als solcher benutzt werden. Wenn Sie medizinischen Rat einholen wollen, konsultieren Sie bitte einen qualifizierten Arzt. Der Verlag und der Autor haften für keine nachteiligen Auswirkungen, die in einem direkten oder indirekten Zusammenhang mit den Informationen stehen, die in diesem Buch enthalten sind.

1. Auflage 2024

Türkenstraße 89
80799 München
Tel.: 089 651285-0
Fax: 089 652096

Die französische Originalausgabe erschien 2023 bei Larousse unter dem Titel Délicieuses Légumineuses.

Übersetzung: Wiebke Krabbe
Redaktion: Stephanie Kaiser-Dauer
Umschlaggestaltung: Isabella Dorsch
Umschlagabbildung: Sophie Dumont
Layout: Aurore Élie
Bildnachweis: Sophie Dumont (Styling Emmanuelle Levesque): Seite 4, 11, 32, 35, 37, 39, 41, 43, 44, 47, 49, 51, 53, 55, 57, 59, 61, 63, 65, 67, 70, 75, 77, 79, 83, 84, 87, 89, 91, 93, 95, 97, 99, 101, 102, 105, 107, 111, 114, 117, 118, 119, 126; Shutterstock : Seite 12, 19, 26, 29.
Illustrationen: © Thinkstock, © Shutterstock
Satz: Bernadett Linseisen (schere.style.papier), München
Druck: Firmengruppe APPL, aprinta Druck, Wemding
Printed in Germany

ISBN Print 978-3-7423-2609-6
ISBN E-Book (PDF) 978-3-7453-2392-4
ISBN E-Book (EPUB, Mobi) 978-3-7453-2393-1